AF279688

EL MAYORAZGO DE ÓRGIVA EN LA EDAD MODERNA

ExLibric

JOSÉ LUIS PUGA BARROSO

EL MAYORAZGO DE ÓRGIVA EN LA EDAD MODERNA

EXLIBRIC

ANTEQUERA 2025

JOSÉ LUIS PUGA BARROSO

EL MAYORAZGO DE ÓRGIVA EN LA EDAD MODERNA

Para mi nieta Nazma,
la estrella que vino de Oriente,
y Encarnita, mi universo.

Índice

Siglas 15

Prólogo..17

Introducción 19

I. EL RÉGIMEN SEÑORIAL 25

   1. El señorío de Órgiva 34

   2. Bienes agregados al señorío 43

   3. El juro de 250.000 maravedís.................................48

   4. Transacción entre el duque de Sesa y las iglesias
      del señorío de Órgiva 53

   5. La razia de 1565 63

II. EL MAYORAZGO DE ÓRGIVA.................................65

   1. El mayorazgo como institución...............................65

   2. El mayorazgo de Baena...66

   3. Integración del señorío de Órgiva en el mayorazgo
      de Baena y Cabra 68

   4. Fundación del mayorazgo o estado de Órgiva 69

   5. La Junta de Incorporación de 1706........................82

   6. El proceso de desvinculación de los bienes nobiliarios.........85

**III. TERRITORIOS QUE CONSTITUÍAN
     EL MAYORAZGO DE ÓRGIVA**.................................89

   1. La taha de Órgiva 89

      1.1. Albacete de Órgiva 89

1.1.1. La religiosidad 95
1.1.2. La fiesta patronal de Albacete 98
1.1.3. Agricultura y ganadería........................104
1.2. Barja 107
1.3. Bayacas..109
1.4. Benizalte y Pago 110
1.5. Cáñar 111
1.6. Carataunas..112
1.7. Soportújar 112
1.8. Sortes 114
2. La taha de Pitres 115
2.1. Busquístar..115
3. Otras posesiones del mayorazgo 116

IV. LA CONTRIBUCIÓN DEL MAYORAZGO A LA DEFENSA DE LA CORONA...........................121
1. La milicia 121
2. La farda 123
3. Las milicias del estado de Órgiva 127
4. Contribución del mayorazgo al ejército real.....................130

V. LA ADMINISTRACIÓN DEL MAYORAZGO 139
1. Los cargos públicos.....................................139
1.1. El gobernador 141
1.2. La administración municipal del estado de Órgiva......142
1.3. Las escribanías 148
1.4. Los aforos..152
1.5. Los pósitos 154
1.6. Los propios.......................................158

VI. ÓRGIVA Y LA REAL HACIENDA 161

1. Impuestos y derramas 161

    1.1. Alcabalas 164

    1.2. Diezmos 175

    1.3. Fiel medidor 177

    1.4. Millones 180

    1.5. Sisas 183

    1.6. Cientos 185

    1.7. Sal 186

    1.8. Seda 192

    1.9. Suertes de población 199

VII. HACIENDAS Y CENSOS PERTENECIENTES AL MAYORAZGO 205

1. Albacete 212

2. Barja 225

3. Bayacas 226

4. Benizalte y Pago 228

5. Cáñar 231

6. Cortijo del Duque 234

7. Cortijo de Alayón 235

8. Cortijo de Besquerina o Mesquerina 235

9. Carataunas 236

10. Soportújar 237

11. Sortes 238

12. Busquístar 238

13. La renta de la escribanía 240

14. Décimas de la vara del alguacil mayor 240

15. El juro sobre las alcabalas 241

16. Otras posesiones del mayorazgo 241
17. Los censos 244
   17.1 Redención del censo perpetuo de los 2.000 ducados..... 245
   17.2. Escrituras de censo 246

APÉNDICE DOCUMENTAL 257
   Documento n.° 1 259
   Documento n.° 2 262
   Documento n.° 3 265
   Documento n.° 4 269
   Documento n.° 5 271
   Documento n.° 6 279
   Documento n.° 7 285
   Documento n.° 8 288
   Inventario de bienes y enseres realizado tras la muerte
   de don Vicente Fernández de Córdoba, conde de Sástago,
   realizado en Granada en el año de 1814 292

Bibliografía 295
Índice de figuras y mapa 305

Siglas

A. C. A. Archivo de la Corona de Aragón
A. G. S. Archivo General de Simancas
    C. C. Cámara de Castilla
    R. G. S. Registro General del Sello
A. H. A. Archivo Histórico de la Alhambra
A. H. A. O. Archivo Histórico del Ayuntamiento de Órgiva
A. H. N. Archivo Histórico Nacional de Madrid
A. H. Nob. Archivo Histórico de la Nobleza
A. H. P. G. Archivo Histórico Provincial de Granada
L. B. O. *Libro Becerro de Órgiva*

Prólogo

La Alpujarra constituye un espacio geográfico de indudable importancia para el estudio de la historia del antiguo reino de Granada y de Andalucía en general. El periodo abierto tras la incorporación de ese territorio a la Corona de Castilla y, por extensión, a la España conformada a partir de los Reyes Católicos, propició la cesión de derechos y señoríos a algunas familias de la nobleza, aunque la intervención de la monarquía tendría un mayor protagonismo desde finales del siglo XV hasta el setecientos.

El contexto señalado sirve de marco cronológico y temático para la obra del doctor José Luis Puga Barroso. El libro editado en esta ocasión completa una vasta producción bibliográfica del autor, en la cual destacan los amplios análisis presentados en su momento en *Reivindicación de bienes en la taha de Órgiva tras la guerra de la Alpujarra* (Ayuntamiento de Órgiva e Imprenta Gallego, Órgiva, 1993) y, sobre todo, *El señorío de Órgiva y su repoblación en tiempo de Felipe II* (Universidad de Málaga, 2006), deudora esta última de su magnífica tesis doctoral defendida en 2005.

Ahora, el doctor Puga Barroso ofrece un examen pormenorizado de un volumen datado en la centuria ilustrada, derivado del cambio de titularidad del mayorazgo de Órgiva. El *Libro Becerro* de la localidad granadina sirve para desgranar todo lo concerniente a la jurisdicción orgiveña en los diversos ámbitos de gobernanza y actuación sobre la demarcación.

Los aspectos del gobierno municipal y de las circunscripciones dependientes de la sede principal ponen de manifiesto un mapa de responsabilidades variadas.

Estas páginas nos brindan una información precisa e inédita relativa a estampas cotidianas, como las fiestas o la religiosidad, más allá de las noticias estrictamente institucionales, caso de la actividad gubernamental local, la contribución al aparato defensivo de la monarquía o la siempre necesaria y obligada gestión de los recursos destinados al mantenimiento hacendístico municipal o de la Corona, junto con los propiamente específicos del mayorazgo.

La explicación del significado de este último, en la conformación general y en la particular de la jurisdicción de Órgiva, está precedida de un bosquejo del régimen señorial de la zona.

En conjunto, supone una indudable aportación al panorama historiográfico existente, además de acercarnos al lenguaje de la época, mediante la transcripción de documentos consultados a lo largo de la investigación, incluidos en el apartado final, lo cual permite una visión nítida y completa del objeto de estudio.

Por tanto, debemos felicitarnos por la edición de este trabajo, escrito de la mano de un orgiveño de gran trayectoria académica y valía personal contrastadas. Sin duda, Órgiva debe sentirse orgullosa de incorporar una monografía de un cualificado vecino, redactada con pasión y rigor histórico.

Málaga, noviembre de 2024
Juan Jesús Bravo Caro

Introducción

No es fácil investigar en los archivos que conservan alguna documentación en los lugares que constituyeron el mayorazgo de Órgiva, pues debido al escaso vecindario existente en sus núcleos de población el personal administrativo adscrito a sus ayuntamientos es reducido, hasta el punto de que en algunas de estas comunidades sus consistorios permanecen abiertos para los investigadores sólo algunos días a la semana, durante la presencia del secretario municipal, ya que generalmente este funcionario suele prestar sus servicios en varios cabildos.

Los registros, más bien pequeños almacenes, son prácticamente inutilizables, pues lo imperante en ellos es el manto de polvo que cubre los escasos escritos conservados. Sólo el correspondiente a la villa de Albacete, que fue la capitalidad del señorío y con posterioridad del subsiguiente mayorazgo, ha sido cuidado y los expedientes conservados se encuentran en buenas condiciones, e incluso algunos han sido digitalizados. Tenemos constancia documental de que el correspondiente a la escribanía del señorío de Órgiva, en época morisca, fue destruido por los sublevados durante el transcurso de la rebelión de 1568 y, así mismo, de que con posterioridad la documentación registrada en la capitalidad del mayorazgo sufrió los avatares de la guerra durante la invasión francesa por las tropas napoleónicas que se instalaron en la villa de Albacete de Órgiva.

Una particularidad que nos permite acceder a alguna documentación relativa a los lugares que constituyeron el mayorazgo orgiveño se debe a que, al ostentar Albacete la capitalidad del estado de Órgiva, las Reales Cédulas y la documentación emitida por la Corona para el conjunto de la institución se dirigían a la citada villa para su puesta en conocimiento del resto de los concejos, así como para el reparto de los tributos que correspondían al conjunto de poblaciones de la primogenitura.

Hace años mi amigo Agustín Martín Zaragoza me habló de que un conocido suyo, José Cabrera Fernández, funcionario del Ayuntamiento de Bubión, tenía fotocopiado un manuscrito titulado *Libro Becerro de Órgiva* y me propuso hacerle una visita con el fin de obtener una copia para la Biblioteca Hurtado de Mendoza y otra para mí, pues en aquella época estaba realizando el doctorado sobre el señorío de Órgiva. Durante años he mantenido el documento, junto con otros obtenidos de diferentes archivos, sin prestarle mucha atención, en parte porque he dedicado mi tiempo e interés a otros temas, aunque siempre enfocados a los aspectos relativos a la expulsión del pueblo morisco y posteriormente a la repoblación cristiana subsiguiente del citado señorío, así como a las dramáticas vicisitudes que tuvieron lugar en el recién conquistado reino nazarí durante el convulso siglo XVI.

La presencia del citado manuscrito en mis archivos, con la amplia información que atesora sobre el estado de Órgiva en el siglo XVIII, me ha empujado a sacarlo a la luz, complementándolo con el aporte de otros trabajos y nuevos expedientes.

En primer lugar, he considerado necesario iniciar mi trabajo con un breve estudio sobre la creación de los señoríos en el Antiguo Régimen, constituidos como un espacio territorial continuo y a veces disperso, que es el caso que nos ocupa, sometido a la autoridad de un señor, institución o persona privada que ejerce sobre una determinada jurisdicción y sus habitantes unas facultades que exceden a las de un propietario privado.

Aunque la legislación castellana ha mantenido el reparto igualitario de las propiedades entre los herederos a la muerte de los progenitores, no obstante, la Corona ha favorecido siempre a los estamentos nobleza e Iglesia, como los dos pilares fundamentales en los que se asentaba políticamente, de ahí que la normativa relativa a los señoríos la complementó con la emitida para los mayorazgos con el fin de que, sin el consentimiento de la realeza, no se desmembrara la riqueza de las clases privilegiadas.

El señorío de Órgiva fue donado por los Reyes Católicos al Gran Capitán con carácter de partible; posteriormente se integró en el mayorazgo de Baena, que por naturaleza era de agnación, si bien volvió a separarse, convirtiéndose en un nuevo mayorazgo, aunque continuó íntimamente ligado a su matriz por su vinculación con la línea originaria. Este cambio jurídico supuso que a lo largo de su existencia la titularidad del mismo permutase por la no existencia de varón legítimo en la rama familiar que lo ostentaba, aunque siempre, por la normativa reinante, se mantuvo dentro de la saga de los Fernández de Córdoba.

En el diagrama genealógico relativo al citado mayorazgo de Órgiva encontramos como titular a don Cristóbal Fernández de Córdoba Alagón, que a su vez era conde de Sástago, entre otros títulos nobiliarios, y que tomó posesión de la institución a mediados del siglo XVIII. Con motivo de este cambio de dominio se realizó el manuscrito denominado *Libro Becerro de Órgiva,* por orden de don Marcos Coarasa y Lambea, gobernador y administrador general de los estados de su excelencia y secretario del Santo Oficio de la Inquisición de Aragón.

En el citado compendio de escritos a mano encontramos copias de los originales conservados en el Archivo General de Simancas, relativos a la creación del señorío y su posterior conversión en mayorazgo, la concesión de privilegios, el largo litigio con el arzobispado granadino por la propiedad de los bienes de habices pertenecientes a las mezquitas existentes en época mudéjar, las haciendas propiedad del titular del señorío a mediados del siglo XVIII y las vicisitudes por las que había pasado la institución en los dos siglos y medio precedentes.

Las descripciones de los límites de la villa de Albacete y de los demás lugares de su estado aparecen descritas a grandes rasgos, destacando la belleza de sus emplazamientos, la calidad y abundancia de sus aguas, la pureza de sus aires y las excelentes vistas que se divisan desde muchos de sus puntos geográficos, dada la orografía de gran parte de sus tierras, destacando el hecho de que desde algunas de sus posiciones se divisa el mar, e incluso se avista el paso de algunas embarcaciones.

Las propiedades del mayorazgo situadas en la denominada taha de Órgiva son descritas con cierta minuciosidad, así como los cortijos ubicados en la vega de Granada, especificando la calidad de sus tierras, los tipos de cultivo y el porcentaje que el señor del estado percibía por los arriendos. Al mismo tiempo, se describen los ingresos pormenorizados que recibía el titular de la institución por todas sus propiedades y derechos otorgados por la monarquía, así como los correspondientes a la Corona, y los censos e impuestos que abonaban los arrendatarios.

La defensa del territorio alpujarreño de la piratería reinante en la época, dada su cercanía al Mediterráneo, constituyó uno de los graves problemas que afrontó la monarquía a lo largo de prolongado tiempo. A esta cuestión se unieron los numerosos frentes militares que la Corona mantuvo abiertos en Europa durante el siglo XVII, junto con los importantes problemas internos existentes en los territorios de Portugal y Cataluña, que obligaron a la monarquía a mantener en pie de guerra a un ejército en cada uno de los territorios referidos, con el gasto tributario que esto conllevaba, lo que incidió en una excesiva fiscalidad, sobre todo de la población no hidalga.

Además, he considerado interesante adjuntar una pequeña muestra de la documentación de la época como apéndice documental, así como el inventario de bienes y enseres realizado tras la muerte de don Vicente Fernández de Córdoba, conde de Sástago, en 1814.

Toda investigación histórica es producto de la colaboración, por ello quiero dejar constancia de la amabilidad del personal encargado de los archivos visitados, en especial de la bibliotecaria de Órgiva, María del Carmen Martín Amat, así como del constante y cariñoso apoyo del la profesora Pilar Ybáñez Worboys.

Pero no quiero olvidar a las dos personas que han contribuido en mayor medida a mi formación investigadora, María Isabel Pérez de Colosía Rodríguez y Juan Jesús Bravo Caro. Ambos me iniciaron en la más que agradable labor de la indagación histórica. Maribel y Juan Jesús, por amor a la docencia, me dedicaron muchas horas de su tiempo. De ambos recibí constante orientación y conocimiento para la elaboración de mi tesis doctoral. En el presente, continúa mi afectuosa amistad con Juan Jesús y, como de costumbre, obtengo su ayuda y sus consejos metodológicos cuando se los solicito. A Maribel en el recuerdo y a Juan Jesús en el presente les doy encarecidamente las gracias.

I

El régimen señorial

El inmutable sentimiento de liberación del islam existente en la sociedad autóctona peninsular pervivió durante siglos en el identitario popular de la citada colectividad, pues no aceptó su integración con el pueblo invasor procedente de África, lo que coadyuvó a una constante y continua cruzada bélica que perduró a lo largo de casi ocho siglos[1]. Esta larga contienda, aunque permaneció inactiva durante largos periodos de tiempo, quedó finalmente reducida al territorio que constituía el reino nazarí, situado en el sureste peninsular.

Entre los factores que más favorecieron la permanencia del último reducto musulmán en la península ibérica, hay que destacar la orografía del medio geográfico, que actuaba como barrera, circunstancia que conllevaba la existencia de escasas y deficientes vías de comunicación, unida a la cercanía de las tierras norteafri-

---

[1] Con el término *Reconquista,* la historiografía designa a la prolongada contienda bélica que perduró durante siglos entre los pueblos cristiano y musulmán asentados en la península ibérica. María Moliner, en su *Diccionario del uso del español,* define la palabra *cruzada,* en una de sus acepciones, como «lucha o serie de esfuerzos hechos con un fin elevado», en este caso la expulsión del territorio peninsular de los militantes de la religión musulmana. El precedente término lo considero más adecuado que el tradicionalmente empleado por la historiografía para definir la dilatada etapa guerrera llevada a cabo por la sociedad cristiana peninsular.

canas, apenas separadas por pocos kilómetros de mar y habitadas por congéneres con cuya ayuda siempre contó el pueblo andalusí.

Tras el avance de las fronteras cristianas y la consiguiente incorporación de extensos territorios a la Corona de Castilla, los reyes tuvieron la necesidad de repoblarlos a la mayor brevedad posible, por ser el mejor medio para la defensa y consolidación de las tierras ocupadas.

Las anteriores consideraciones propiciaron la creación por la monarquía de la institución denominada señorío[2]. Los fundamen-

---

[2]   Se denomina régimen señorial al sistema de organización económica, social y jurídica característico del mundo occidental en la Edad Media, y que perduró en la Edad Moderna. De la cada vez más extensa bibliografía sobre el sistema, debemos dejar constancia de algunos de los trabajos pioneros que consideramos más representativos: MOXO, S. de, «Los señoríos: en torno a una problemática para el estudio del régimen señorial», *Hispania,* n.º 95, 1964, pp. 339-430; *La disolución del régimen señorial en España,* Consejo Superior de Investigaciones Científicas, Madrid, 1965; «Los señoríos, estudio metodológico», en *Actas de las I Jornadas de Metodología Aplicada a las Ciencias Históricas, Historia Medieval,* Universidad de Santiago de Compostela, vol. 2, 1975, pp. 163-17; GÓMEZ LORENTE, M., «Los señoríos en el reino de Granada: el señorío de Gor», *Cuadernos de estudios medievales y ciencias técnicas historiográficas,* n.º 14-15, 1985-1987, pp. 61-74; GARZÓN PAREJA, M., *Historia de Granada,* Diputación de Granada, vol. I, 1980, pp. 323-367, y «Estructura campesina y señoríos de Granada», en *Actas I Congreso de Historia de Andalucía, Andalucía moderna (siglos XVI-XVIII),* Monte de Piedad y Caja de Ahorros de Córdoba, t. II, 1976, pp. 41-50; ACIÉN ALMANSA, M., «Un ejemplo de repoblación señorial. La serranía de Villaluenga», en *Andalucía medieval. Actas I Congreso de Historia de Andalucía,* Monte de Piedad y Caja de Ahorros de Córdoba, t. II, 1978, pp. 449-458; RUIZ POVEDANO, J. M., «Consideraciones sobre la implantación de los señoríos en el recién conquistado Reino de Granada», en *Andalucía medieval. Actas I Congreso de Historia de Andalucía,* Monte de Piedad y Caja de Ahorros de Córdoba, t. II, 1978, pp. 357-374; GARCÍA HERNÁN, D., «Los señoríos en la baja Andalucía en la Edad Moderna», en ANDÚJAR, F. y DÍAZ LÓPEZ, J. P. (coords.), *Los señoríos en la Andalucía moderna: el marquesado de los Vélez,* Instituto de Estudios Almerienses, Almería, 2007, pp. 77-115. Entre los estudios específicos sobre la implantación de señoríos en la Alpujarra: TRILLO SAN JOSÉ, M. C., «La ta'a de Órgiva: un señorío en la Alpujarra al final de la Edad Media», *Revista del Centro de Estudios Históricos de Granada y su Reino,*

tos que permitieron su largo periodo de existencia fueron muy complejos y variados[3]. Con respecto a la actual Andalucía, aún en nuestros días no existen suficientes trabajos sobre el proceso de formación y su distribución; no obstante, con carácter general su instauración respondió a necesidades de índole poblacional, dinerarias o al pago de favores.

Con la incorporación por las armas de grandes espacios geográficos, la Corona fue consciente de que carecía de una administración que le permitiese llevar a cabo una rápida y ordenada repoblación; por ello, en ocasiones, realizó algunas donaciones territoriales como pago a la ayuda prestada en la conquista por parte de los estamentos: nobleza, clero y órdenes militares, pues los monarcas pensaban que la concesión de mercedes era:

> *(…) razonable y convenible, cossa es a los reyes y príncipes hazer gracias y mercedes a sus súbditos y naturales, especialmente a aquellos que vien y lealmente los sirven y aman su servicio, e los reyes que la tal merced hacen, han de acatar y considerar en ello tres cossas: la primera que merced es aquella que le demanda; la segunda quien es*

n.º 4, 1990, pp. 49-70, y «La implantación castellana en la Alpujarra: análisis de una política señorial en el reino de Granada», *Hispania,* vol. 52, n.º 181, 1992, pp. 397-432; PUGA BARROSO, J. L., *Reivindicación de bienes en la taha de Órgiva tras la guerra de la Alpujarra,* Ayuntamiento de Órgiva, Biblioteca Pública Municipal, Imprenta Gallego, Órgiva, 1993, y *El señorío de Órgiva y su repoblación en tiempo de Felipe II,* Servicio de Publicaciones e Intercambio Cultural de la Universidad de Málaga, Málaga, 2006.

[3] RUEDA HERNANZ, G., «La supresión de señoríos y el proceso desvinculador de los bienes nobiliarios», *Aportes,* n.º 89, año XXX, 2015, pp. 41-58. La gran mayoría de los nuevos señoríos creados en la Edad Moderna fueron jurisdiccionales. Entre ellos se encuentra el de Órgiva.

aquel que se la demanda, o como se la merece, o puede merecer si se la
diere; la tercera que es el pro, o el dapro que por ello le puede venir[4].

Una característica fundamental que singulariza a los feudos implantados en la zona oriental del reino granadino, a partir de la revuelta de 1500, fue la permanencia, a pesar de la mutación obligatoria de su ideología religiosa, de gran parte de su población mudéjar en sus lugares de residencia ancestrales[5].

La falta de estudios monográficos sobre las baronías instauradas a partir de los Reyes Católicos, sobre todo de los relativos a la nobleza menor en Andalucía, es el principal de los problemas que impiden un conocimiento de esta institución en su globalidad[6].

El señorío es considerado por los historiadores como una entidad medieval al servicio de la Corona[7]. El análisis de este sistema, unido a las relaciones entre los aristócratas y las sociedades campesinas, es muy complejo, debido entre otras razones a la

---

[4] *Libro Becerro de Órgiva* (en adelante, L. B. O.). Es un manuscrito que consta de dos tomos, con índice numerado, que fue escrito en 1733 por orden del conde de Sástago tras su toma de posesión del mayorazgo. Cuando tuve acceso a su lectura era propiedad de don Víctor Fernández y actualmente se publicita para su venta en internet en una librería de Madrid.

[5] LADERO QUESADA, M. Á., «La repoblación del reino de Granada anterior a 1500», *Hispania,* n.° 110, 1968, pp. 489-563.

[6] COLLANTES DE TERÁN SÁNCHEZ, A., «Los señoríos andaluces: análisis de su evolución territorial en la Edad Media», *Historia. Instituciones. Documentos,* n.° 6, 1979, pp. 89-112. En este trabajo se presenta una relación de autores y sus estudios sobre el territorio andaluz, y remite a lo expuesto por M. Á. LADERO QUESADA en su libro *Andalucía en el siglo XV. Estudios de historia política,* Consejo Superior de Investigaciones Científicas, Madrid, 1973.

[7] El señorío es una donación hereditaria de tierras, y en ocasiones también de vasallos, en el que se especifican las relaciones de servidumbre entre su titular y los campesinos residentes en ellas, incluida la jurisdicción.

heterogeneidad existente, a la vinculación de cada poder al territorio en el que se asienta como unidad político-administrativa y a la base social sobre la que se impone[8].

Esta institución surgió en el norte peninsular y se fue expandiendo, en muchos casos, en paralelo a la conquista cristiana de los territorios del islam. Generalmente, aunque no en exclusividad, el régimen señorial, como dijimos, se formó gracias a la concesión de mercedes regias a personas o instituciones, como recompensa por los servicios prestados a los monarcas en las campañas guerreras contra el islam, en las cuales habían jugado un importante papel[9]. La Corona pensaba que con su cesión se avanzaría más rápidamente en el asentamiento de nuevos pobladores, y que la protección del territorio sería mucho más efectiva por tratarse de bienes de particulares, cuyos titulares los defenderían con ahínco.

Los tres pilares que definían con claridad a los señoríos eran su extensión, el número de personas dependientes de los titulares de la donación y el conjunto de rentas que percibían de la concesión. Para los poseedores de estas jurisdicciones la relación entre población asentada e ingresos económicos era más que evidente.

---

[8] RUBIO PÉREZ, L. M., «El dominio solariego y territorial en el marco de los señoríos nobiliarios leoneses», *Estudios humanísticos. Historia,* n.° 1, 2002, pp. 181-220.

[9] De la pléyade de autores que han trabajado sobre el régimen señorial en Andalucía y en el resto de España, queremos destacar a A. DOMÍNGUEZ ORTIZ, E. SORIA MESA, E. y J. J. BRAVO CARO. Del primero queremos resaltar su discurso en la Real Academia de la Historia, *El régimen señorial y el reformismo borbónico,* Madrid, 1974; del segundo, *La venta de señoríos en el Reino de Granada bajo los Austrias,* Universidad de Granada, 1995, y *Señores y oligarcas: los señoríos del Reino de Granada en la Edad Moderna,* Universidad de Granada, 1997; y del tercero, «Señoríos y moriscos en el reino de Granada», en SÁNCHEZ MONTES GONZÁLEZ, F. y CASTELLANO, J. L. (coords.), *Carlos V, europeísmo y universalidad,* Sociedad Estatal para la Conmemoración de los Centenarios de Felipe II y Carlos V, Madrid, vol. IV, 2001, pp. 107-128.

Los propietarios de dominios consideraban a la población de sus territorios como una fuente de riqueza, ya que sobre ellos recaía la carga fiscal que revertía en el estamento nobiliario, gracias a los derechos señoriales cedidos o adquiridos por compra a la Corona.

En el siguiente extracto de una cédula de Felipe II, emitida a finales de 1565, queda claramente expresada la relación entre población e ingresos en el señorío de Órgiva[10]:

> *(…) por quanto vos Gonçalo Hernández de Córdoba, duque de Sessa y conde de Cabra, nos hezistes relaçión quel día de san Bartolomé, que se contaron veynte y quatro días del mes de agosto deste presente año, saltaron en tierra en la costa del reyno de Granada trezientos turcos y moros y llegaron a la taha de Órxiba, ques vuestra y está cinco leguas de la mar la tierra adentro, y se llevaron muchas casas de moriscos de la dicha villa y su taha, unos por fuerça y otros de su voluntad, y dexaron la dicha taha robada y casi despoblada y sin gente, de lo qual os vino grand daño por el mucho menoscabo que abrá en las rentas que allí teneys[11].*

Los señores se presentaban ante sus vasallos como delegados del poder real. La potestad del rey, básicamente, era de carácter jurisdiccional, en tanto que la señorial les era subrogada por

---

[10] En el Antiguo Régimen se denominaba Real Cédula a una disposición de gobierno dictada por el rey con intervención de su consejo. Podía darse de oficio o a instancia de parte, y fue la forma habitual con la que el rey se dirigía a los órganos colegiados, mediante la cual se resolvían habitualmente los despachos de la Corona, aunque no siempre contenían mandatos, sino que también las había de ruego o de creencia. *Diccionario panhispánico del español jurídico.*

[11] Archivo Histórico de la Alhambra (A. H. A.), L-257-3, s. f., Madrid, 4 de diciembre de 1565.

delegación del monarca a los tenedores del dominio, que entre otras atribuciones tenían la de administrar justicia a sus vasallos en primera instancia, pues el rey se reservaba la correspondiente a los tribunales superiores. El poseedor de la merced nombraba los cargos locales encargados de velar por sus intereses, primando en primer lugar la fidelidad, acompañada de la reputación y la capacidad.

El régimen señorial representó para el estamento noble la obtención de gran parte de sus beneficios económicos, ya que estos estaban vinculados a sus dominios. Por consiguiente, la posesión territorial constituyó la base de su solidez financiera y les permitió perpetuarse a lo largo del tiempo. La hacienda de los titulares comprendía el patrimonio familiar, los rendimientos pertinentes a su jurisdicción, los monopolios pertenecientes a sus titulares y los impuestos de carácter territorial propios de la donación: terrazgo, rentas enajenadas de la Corona, alcabalas, tercias, bienes mostrencos, portazgos y censos, etc. Sin embargo, pese a los variados ingresos y a las más que frecuentes prácticas abusivas por parte de los señores, los gastos del aparato burocrático y, básicamente, el estilo de vida de esta élite llevaron a muchos de sus titulares al endeudamiento.

Con la pérdida del poder político de la nobleza, los señoríos continuaron siendo su sostén económico. Para el profesor Soria Mesa, la relación entre población señorial y riqueza o potencial económico es inequívoca, ya que la aristocracia consideró a los vecinos residentes en sus dominios como fuente de su felicidad económica, pues sobre ellos se ejercía una carga fiscal que revertía en el estamento privilegiado, gracias a los derechos que conllevaba la donación. El sistema jurisdiccional fue abolido a partir de las nuevas ideas emanadas de las Cortes de Cádiz, en las sesiones celebradas por estas en 1820.

Figura n.º 1. Título de concesión del señorío de Órgiva.

Fuente: A. G. S., R. G. S., IX-1499-1.

Figura n.º 2. El Gran Capitán

1. El señorío de Órgiva

Los Reyes Católicos, don Fernando y doña Isabel, estantes en la ciudad de Granada tras su conquista, otorgaron a Gonzalo Fernández de Córdoba, el 26 de septiembre de 1499, con carácter de bien partible, el señorío de Órgiva[12]. La donación comprendía la villa de Albacete y los lugares que integraban la antigua taha nazarí de Órgiva, más el término jurisdiccional de Busquístar, situado en su homónima de Pitres[13]. El privilegio concedido fue en recompensa por su enorme contribución al fortalecimiento de la Corona[14]. En el preámbulo del título de la merced quedan claramente expuestas las razones por las cuales le hicieron la dádiva:

> *(…) por quanto a los reyes e príncipes, es propia cosa honrrar e sublimar e fazer graçias e mercedes a los sus súbditos e naturales, especialmente a aquellos que bien e lealmente los syrven, lo qual por nos acatado e acatanto los muchos e buenos e leales e señalados servicios, que vos Gonçalo Fernándes de Córdova, nuestro capitán e de nuestro Consejo, nos avedes fecho e facedes de cada día, asy en la guerra de los moros, enemigos de nuestra santa fee cathólica*

---

[12]   La donación fue para ambos cónyuges, es decir, a partes iguales.

[13]   La documentación original relativa al señorío de Órgiva se encuentra depositada en el Archivo General de Simancas. Toda la documentación archivada en la escribanía de Órgiva fue destruida durante la rebelión morisca de 1568.

[14]   El título finaliza en los siguientes términos: «Carta del privilegio escrita en pergamino de cuero, y sellada con nuestro sello de plomo, pendiente en filos de seda de colores y librada de los nuestros contadores maiores y otros oficiales de nuestra casa» (L. B. O., fol. 40 v.). En el aspecto diplomático el Gran Capitán participó como miembro de la reducida comisión formada por la Corona de Castilla encargada de las negociaciones para la capitulación y entrega del último reducto musulmán en la península.

> *e conquista deste reyno de Granada, como en las partes de Ytalia,*
> *donde haviéndonos tomado las armas por la defensión de la Yglesia*
> *Romana, como somos obligados, y haviendo vos embiadonos para*
> *ello, nos fezistes muy grandes e señalados servicios*[15].

Los monarcas consideraron que tan señalado esfuerzo merecía una remuneración social y al mismo tiempo territorial, aunque en este caso fue muy limitada, pues por las capitulaciones otorgadas los soberanos se habían comprometido a respetar la propiedad y los derechos fiscales que sus nuevos súbditos pagaban en época musulmana:

> *(…) en pago y remuneración de ellos, vos facemos gracia y merced*
> *y donación, pura, perfecta y acabada, que es dicha entre vivos, y non*
> *revocable para agora y para siempre jamás, para vos y para vuestros*
> *herederos y subcesores*[16].

La concesión comprendía los siguientes núcleos de población[17]:

---

[15] Archivo General de Simancas (A. G. S.), Registro General del Sello (R. G. S.), IX-1499, fol. 1.

[16] L. B. O., fol. 15.

[17] Habían transcurrido pocos años entre la incorporación de la Alpujarra a la administración castellana y la concesión del señorío al Gran Capitán. Su población era totalmente mudéjar. Las autoridades castellanas no debían poseer un conocimiento muy exacto de los lugares y límites del territorio que constituía la taha de Órgiva. Por ello creemos que no aparecen en el documento de concesión los lugares de Cáñar y El Fex, si bien se cita como lugar a Quenier, término desconocido que bien podría corresponderse con Cáñar. No obstante, en el título de posesión se menciona como conjunto administrativo a la taha de Órgiva, sin que se indique ningún detrimento territorial. En los libros *Apeo de Órgiva* y *Estado de Órgiva*, ambos copia del siglo XVIII, se describe el repartimiento de las suertes de ambos lugares.

> *(…) la villa de Órgiba, el Baçet, con las caserías de ahelanejos,*
> *e de los logares e alacarías de Bayaca, e Cartunas, e Xabotaya, e*
> *Barja, e Quenier, e Besenied, e Pago, e Benialzalte, Sortis, que son*
> *en la taha de Órgiba e del Jubeyel, e del lugar de Bosquístar, que es*
> *en la ataha de Ferreyra e Poqueyra[18].*

A diferencia de los señoríos otorgados en la Andalucía occidental, donde predominaron los dominios de grandes extensiones territoriales, el de Órgiva era de tamaño reducido, con una superficie muy accidentada en gran parte de su suelo, pues la altitud en metros de sus núcleos poblacionales más importantes es la siguiente: Órgiva a 461, Soportújar a 940, Cáñar a 1.014 y Busquístar a 1.159.

Un aspecto que llama poderosamente la atención es la composición jurisdiccional del dominio, constituido por varios términos concejiles limítrofes, con entidad geográfica de taha, más el lugar de Busquístar, perteneciente a su homónima de Pitres, separados entre sí por más de una veintena de kilómetros, que poseían intercalados entre ambas demarcaciones lugares pertenecientes al realengo, sin que el título de concesión aporte ningún dato de por qué los soberanos tomaron tal decisión.

---

[18] *Ibidem.* En una certificación realizada por don Pedro Vidal y Asín, notario de la ciudad de Zaragoza, a petición de don Bernardo Segura, administrador general y apoderado del señor conde de Sástago, en octubre de 1709, aparecen descritos los lugares del señorío con las siguientes grafías: «(…) de la villa de Órgiva, el Vacete, caseríos de henalejos y de los lugares y alarías de Bayaca, Curtunas, Sabotaya, Varial, Quier, Veconier, Pago, Venalzalte, Sortis, que era en el taha de Órgiva y del Jubiel y deel lugar de Bosquístar, que era en el taha de Ferreira y Poqueira», en Archivo de la Corona de Aragón (en adelante, A. C. A.), leg. 70, c.ª 2.ª, n.º 3.

El legado incluía, además de las citadas circunscripciones, los vasallos residentes en la dicha villa y lugares, la justicia y jurisdicción civil y criminal, más todas las rentas, pechos, derechos, servicios, habices y diezmos de los vecinos moros que vivían o viviesen en adelante, los cuales pertenecían a los reyes en virtud de bula y provisión apostólica[19].

(…) y con las casas, guertas, corrales, viñas y tierras labradas y no labradas que son nuestras y nos pertenecen en la dicha villa y lugares y en sus términos y tierras y con los prados y pastos y abrevaderos y exidos y sottos y árboles fructuosos e infructuosos y montes y dehesas, ríos y molinos y fuentes, aguas corrientes, estantes y manantes y con las escribanías, alguacilazgos, servicios y fueros y derechos nuestros, pan pechos y derechos y otras quales renttas y penas y calomnias que a nos pertenece o pertenecer pueden y deven en qualquier manera en la dicha villa[20].

Entre las excepciones no concedidas se encontraba la soberanía de la justicia real, y que las apelaciones «de vos o de vuestro alcalde mayor», si las hubiere, fuesen ante los oidores de la Real Chancillería de Granada[21]. Igualmente, no estaban

---

[19] Los diezmos concedidos conllevaban la obligación de que el Gran Capitán y sus sucesores edificasen a sus expensas las iglesias que fuesen necesarias en la villa y lugares de su taha, de acuerdo con las necesidades fijadas por el arzobispo granadino y la bula papal.

[20] A. G. S., R. G. S., IX-1499, fol. 1.

[21] Si el lector quiere obtener mayor información sobre la creación del señorío de Órgiva, puede encontrarla en mi tesis doctoral: PUGA BARROSO, J. L., *El señorío de Órgiva y su repoblación en tiempo de Felipe II*, Servicio de Publicaciones e Intercambio Cultural de la Universidad de Málaga, 2006.

incluidas en la donación las minas de plata, oro u otros metales, si las hubiere; tampoco las salinas, puertos y los derechos de la seda. Además, las escribanías deberían ser cubiertas por copistas que poseyesen título de la Corona. Así mismo, le prohibían edificar nuevas fortalezas sin que previamente hubiese obtenido la aprobación real. También se imponía la obligación de solicitar el asentimiento del monarca reinante para poder traspasar la propiedad «con persona de orden, ny de religión, ny de fuera de nuestros reynos e señoríos». En cuanto al futuro, la Corona se reservaba:

> *(…) alcavalas y tercias si las obiere en la dicha villa y logares quando fuere poblado de cristianos, porque en tanto que foeren poblados de moros, no ha de haver en ellos alcavalas, nin tercias algunas, porque según lo que con la dicha villa y lugares tenemos asentado y mandado capitular, al tiempo que la dicha tierra ganamos de los moros no nos han de dar y pagar ottros derechos algunos, de más de lo que pagaban a el rey moro de Granada[22].*

El agradecimiento de los reyes a su egregio súbdito comportaba la liberación del abono de los gastos que conllevaba la inscripción del legado en el registro real, mediante una Real Cédula fechada en Granada el 22 de octubre de 1499:

> *(…) el Rey y la Reyna: nuestros contadores maiores, nos vos mandamos que nos descontedes diezmo, ni chanzillería de tres nin de quatro años a Gonzalo Fernández de Córdova, nuestro capitán,*

---

22   A. G. S., R. G. S., IX-1499, fol. 1.

y de nuestro Concejo de la merzed que le ezimos de la villa de Órxiva y otros lugares contenidos en la dicha merced, por quanto de lo que en ello monta nos le fazemos merzed, acatando los muchos servicios que nos ha fecho[23].

Sin embargo, los burócratas palaciegos eran remisos al cumplimiento de las disposiciones reales que implicasen la exención de ingresos a la Hacienda Real, por diezmo y chancillería, y sobre todo de la remuneración que a ellos les pertenecía por ley; por ello, se resistieron a cumplir lo ordenado por los monarcas y no asentaron la merced dentro del plazo de un año estipulado oficialmente. Pasadas cuatro anualidades, y ante la no inscripción de los citados documentos en los libros oficiales, el duque de Sesa se dirigió a la reina notificándole la desobediencia de sus contadores. Por ello, la soberana volvió a emitir otra Cédula en la cual reafirmaba lo dicho por ambos monarcas en su legado:

(…) por ende, yo vos mando que si no hay ottra causa porque no devais asentar en los dichos mis libros la dicha merced y zédula, salvo haver pasado el dicho año en que se havía de asentar, las asentéis sin poner en ello impedimento alguno, que yo por la presente vos reliebo de qualquier cargo o culpa, que por lo asssí hazer, vos pueda ser imputada y no hagades en deal[24].

---

[23] L. B. O., fols. 27 v-28 r.
[24] La Real Cédula fue firmada en la villa de Alcalá de Henares el 4 de julio de 1503. *Ibidem,* fol. 29 r-v.

El dominio territorial concedido por los Reyes Católicos al Gran Capitán, Gonzalo Fernández de Córdoba, en la Alpujarra forma parte de los señoríos considerados dentro del grupo de los jurisdiccionales, pues su titular gozaba de los derechos de naturaleza judicial y política[25].

Pocos meses después de la concesión del señorío, y tras ser neutralizada la revuelta de la población mudéjar de 1500, la Corona consideró que sus nuevos súbditos habían roto lo acordado en las capitulaciones, y con ello la pérdida de sus derechos consuetudinarios, por lo que se enfrentaron al inhumano dilema: el destierro o la conversión al cristianismo. Ante estas condiciones, gran parte de la población optó por el forzado y masivo bautismo. Estos nuevos cristianos, procedentes de moros, en adelante pasaron a denominarse moriscos[26]. Ello conllevó el cambio del *statu quo* que la población mudéjar tenía fijado en los pactos de rendición, pasando a contribuir como renteros, teóricamente, en igualdad con los cristianos viejos[27].

Ante las nuevas circunstancias, los monarcas reafirmaron la concesión de la merced al Gran Capitán mediante una nueva Real Cédula, así como la aplicación del nuevo sistema tribu-

---

[25] El término jurisdiccional, en su acepción más amplia, es el marco en el que se ejercen las más altas facultades judiciales, hasta el mero poder de control del campesinado a través del nombramiento o confirmación de los cargos concejiles.

[26] L. B. O., fol. 24 r-v. En la carta merced emitida por los reyes en la ciudad de Toledo el 3 de junio de 1502 se justifica la conversión con las siguientes palabras: «(…) e agora ha placido a nuestro señor, por su infinita clemencia y piedad, que todos los moros y moras de el dicho reyno de Granada se han convertido a nuestra santa fee cathólica».

[27] A. C. A., leg. 70, c.ª 5.ª n.º 2. El 11 de noviembre de 1571, el rey Felipe II emitió una cédula dirigida al duque de Sesa, encargándole el gobierno de los pobladores convertidos del señorío de Órgiva.

tario previsto en el antiguo documento de privilegio de todas las rentas, pechos, derechos, servicios y habices[28]. No obstante, prosiguieron las dificultades burocráticas para su inscripción en los registros reales. Por ello, Gonzalo Fernández de Córdoba volvió a solicitar de los reyes la confirmación de las dos Reales Cédulas citadas[29]. Su petición fue ratificada con la emisión de un nuevo documento, dado en Medina del Campo el 22 de octubre de 1504[30].

---

[28] En el documento los monarcas ordenan que por su inscripción no descuenten chancillería ni diezmo alguno. La carta fue dada en la ciudad de Toledo el 3 de junio de 1502. L. B. O., fol. 27v. M. GARZÓN, en «Estructura campesina y señoríos de Granada», nos dice que las posesiones del señorío de Órgiva fueron escasas en principio. Sin embargo, a partir de la conversión forzosa al cristianismo los monarcas cedieron al titular del señorío los llamados habices, o posesiones que pertenecían a las mezquitas enclavadas en el dominio.

[29] L. B. O., fol. 40 v. Esta carta de privilegio estaba escrita en pergamino de cuero «y sellada con nuestro sello de plomo, pendiente en filos de seda de colores y librada de los nuestros contadores maiores y otros oficiales de nuestra casa».

[30] A. C. A., Diversos, Sástago, leg. 8. Además de las posesiones peninsulares, el rey don Fernando donó a don Gonzalo Fernández de Córdoba varias ciudades y castillos en la península italiana e isla de Sicilia en enero de 1507.

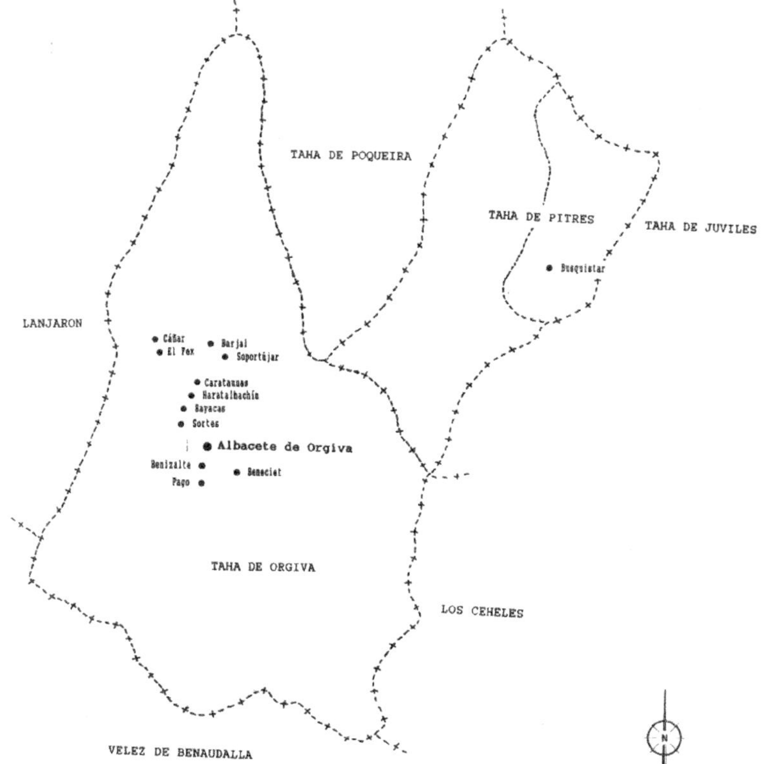

Mapa n.º 1. Señorío de Órgiva

2. Bienes agregados al señorío

Finalizada la conquista, el duque de Sesa y su esposa obtuvieron en propiedad los cortijos «que dicen de los Meaderos, Anzula, el de Tocón, Barranco Hondo, Daimucexo, Daragoleja, Trasmulas, Galafe, Audón, Juecila y Guecar», enclavados en los términos pertenecientes a las ciudades de Granada, Santa Fe y la villa de Íllora[31]. Las escrituras de estas haciendas de labranza fueron depositadas en el archivo del monasterio del señor San Gerónimo de Granada.

La Corona necesitaba conseguir la máxima recaudación posible y, consciente de que algunos de sus súbditos se habían apoderado de ciertos bienes pertenecientes al patrimonio real, fundamentalmente tierras, emitió una Real Cédula, fechada en Madrid el 29 de octubre de 1566, comisionando al doctor Santiago y posteriormente al licenciado don Pedro López de Mesa para que resolviesen el problema de la propiedad «de los términos, prados, pastos y abrevaderos», y sus límites entre las fincas de particulares, concejiles y de realengo, pues, según la ley de Toledo, «lo público que halláredes ocupado lo hagáis bolber e restituir»[32].

Fueron numerosos los propietarios demandados como presuntos usurpadores de bienes de la Corona, incluyendo a

---

[31]   A. C. A., leg. 70, c.ª 7.ª, n.º 3. El cortijo y las tierras de Trasmulas fueron una donación que le hizo el rey que fue de Granada «a Buhacen de los de Bare». Esta cesión de la propiedad fue confirmada por los Reyes Católicos, en la ciudad de Segovia, el 11 de agosto de 1494. El cortijo de Anzula había sido adquirido por el Gran Capitán y su esposa, doña María Manrique, a Mahamat, hijo de Mazote Monan, y en él les fueron devueltas dos hazas con una extensión de 6.153 marjales.

[32]   Real Cédula dada en la ciudad de Toledo el 20 de septiembre de 1560.

los «concejos e universidades, que tienen entrados y ocupados los términos públicos»[33]. Entre los hipotéticos despojadores de tierras de realengo se encontraba el duque de Sesa. Por ello, la Corona entabló el pleito pertinente, encargando de su defensa, en principio, al doctor Santiago, oidor de la Real Audiencia y Chancillería de Valladolid, y posteriormente a su sucesor en el pleito, el licenciado don Pedro López de Mesa, también oidor en la Audiencia Real de Prados de Sevilla. Por su parte, el duque de Sesa se personó con el procurador Pedro de Soria. La indagación se hizo mediante testigos, junto con la documentación presentada por el señor de Órgiva, testimonios que sirvieron para fijar los límites de sus posesiones en la vega granadina y el posterior amojonamiento de las fincas en litigio. Dado el gran número de cortijos y las extensas tierras que comprendían las citadas fincas, la averiguación de las haciendas en litigio se realizó directamente, una tras otra.

Con respecto a los suelos agrícolas denominados de calma, que fueron montes, entre la fuente del Coscojar hasta la Cruz Verde y los Meaderos, más «los montes e majadas y criaderos de ganados públicos y realengo», no fue ratificada la propiedad del duque por la justicia real, por lo cual los citados predios fueron recuperados por la Corona. En lo referente a los cortijos y tierras de Tocón y Barranco Hondo, más el de Daimucexo, su pertenencia le fue confirmada de acuerdo con los límites presentados por el noble. La convalidación también se produjo en lo referente a las fincas y cortijos de Trasmulas y Daragole-

---

[33]   A. C. A., leg. 70, c.ª 7.ª, n.º 3. Los documentos originales o escrituras se encontraban depositados en el archivo del monasterio de San Gerónimo de Granada.

ja. De todos los demás bienes que decía tener el duque fuera de los límites aceptados, «rompidas e ocupadas de los montes concejiles e realengo»:

> (…) le debo condenar y condeno en la posesión y propiedad de ellas, con más los frutos y rentas que han rentado y podido rentar de el dicho cortijo de Anzola, e de las que así se liquidare y aberiguare tener fuera de los dichos cortijos del Tocón, e Barranco Hondo, y Daimuz, y Trasmulas e Daragoleja, e podido rentar, e rentaren hasta la real restitución, a razón de media fanega de trigo por cada una fanega de tierra, en cada un año, lo cual adjudico al público concejil y realengo de la dicha ciudad, e la posesión de todas ellas sea luego restituida[34].

No obstante, tras el proceso, el duque obtuvo el reconocimiento de suelos de cultivo, que le fueron restituidos tras las indagaciones realizadas:

> (…) debo absolver e absuelvo al dicho duque de Sesa, en la posesión y propiedad de seis mil e ciento e cincuenta y un marjales de tierras, y en dos hazas que pretende tener y poseer en el dicho cortijo de Anzola, que Mahamat, hijo de Mazote Monan, vendió a Gonzalo Fernández de Córdoba, Gran Capitán, y doña María Manrrique, su mujer[35].

En cuanto a las fincas de Juceila, Guecar, Audón y Galafe, le fue devuelta la propiedad al noble, siendo condenado a las costas

---

[34]   *Idem.*

[35]   *Idem*

del proceso, así como a los gastos y salarios de los oficiales. La sentencia fue firmada por el citado licenciado el 11 de octubre de 1567.

La afinidad del Gran Capitán con el proyecto territorial, político y religioso de su rey le llevó a endeudarse en grandes cantidades de dinero, como lo testifica el siguiente texto:

> (...) quando andava sirviendo en la guerra de Granada, para suplir los muchos gastos que en ella hasía, para entretener los señores y cavalleros y soldados particulares que andavan cerca de su persona, en el servicio de vuestra Magestad, uvo menester contraher muchas deudas, y entre ellas çinco quentos y ciento y sesenta mill maravedís[36].

Como prestamistas de estas deudas se encontraban, entre otros, Juan y Damián de Cárdenas, mercaderes moriscos, vecinos de Granada, que actuaron como fiadores, pagando «dos quentos y seiscientos y noventa mill maravedís». Previamente habían concertado que el dicho duque les diese los frutos de un cortijo suyo, llamado la Torre de Guecar, que rentaba más de seiscientos ducados al año, hasta tanto recuperasen lo prestado. Tras el decreto de confiscación de todas las haciendas de los moriscos, el licenciado Velasco fue el encargado de cobrar los adeudos que se debiesen a los extraditados:

> (...) a ydo usando della a la villa de Vaena y donde más hay bienes del dicho duque, y hecho execución de todos ellos, procediendo

---

[36] A. G. S., Cámara de Castilla (C. C.), leg. n.º 2.169, s. f.

> *exabrupto para cobrar no sólo lo que los dichos Cárdenas avían pagado*
> *por el duque, pero todo en lo que estaban obligados por él, quitándole*
> *a la dicha duquesa los alimentos que tiene, sin quererla oyr*[37].

El procedimiento judicial que conllevó la confiscación de los bienes y rentas se realizó en ausencia de Gonzalo Fernández de Córdoba. En una petición realizada al rey por la duquesa de Sesa, «dize que para sus alimentos le dexó el duque, su marido, quando salió de estos reynos a servir a vuestra Magestad, en su armada, la poca renta que le quedava en su estado de Vaena»[38].

Entre las razones que expone en defensa de sus derechos, dada la ausencia de su esposo, ocupado en el servicio de Su Majestad, dice: «(…) no ay quien pueda defender su causa tan justa, ni es razón que se trate della, en el entre tanto que está fuera destos reynos, en servicio de vuestra magestad». Finaliza el documento explicando que los bienes que el licenciado Velasco le retiene son los dedicados a su alimentación, y le recuerda que en este negocio «tenga memoria de los muchos servicios del duque y de su casa»[39].

En las riberas del río Genil, que circundan gran parte de las tierras del denominado Soto de Roma, donde se ubicaban la mayoría de los citados cortijos del duque, crecían variedad de árboles, entre los que se encontraban los álamos negros, los fresnos y los sauzgatillos, algunos de ellos muy corpulentos. Ante las intenciones del duque de Sesa de talarlos, don Pedro de Deza, presidente de la Real Chancillería de Granada, solicitó del rey su

---

[37]   *Idem.*

[38]   *Idem.*

[39]   *Idem.*

adquisición mediante compra, pues su madera era de gran valor para su ejército y sobre todo para la armada. Aunque su importe era elevado, pues la cantidad ascendía a varios miles de reales, las disposiciones oficiales existentes permitían a la Corona hacerse con la madera sin tener que realizar ningún desembolso:

> *(…) mas yo e pensado como V. M. lo puede mandar pagar sin dar dineros, quitando esta suma de otra mayor que el duque de Sesa debe a unos moriscos que se llaman los Cárdenas, de que el liçenciado Velasco trata en virtud de la comisión que V. M. la mandó embiar, y la parte del duque lo terná por buena paga, porque assi me lo a dicho[40].*

3. El juro de 250.000 maravedís

Entre las causas que coadyuvaron al levantamiento mudéjar de 1500 no fue ajena la política de acoso a la población musulmana llevada a cabo por la jerarquía eclesiástica, no conforme con los apartados de carácter religioso estipulados en las capitulaciones, de aplicación al pueblo sometido de religión islámica. Mármol Carvajal, en su *Historia del rebelión y castigo de los moriscos del reyno de Granada,* deja constancia de que algunos prelados y otras personas religiosas manifestaron el deseo de desterrar el nombre de Mahoma de toda España, mediante la conversión o el destierro de los mudéjares al norte de África, «diciendo que en esto no se les quebrantaban los capítulos que se les habían concedido cuando se rindieron, antes era mejorarles el partido en cosa que

---

[40] A. G. S., C. C., leg. n.° 2.179.

tanto convenía a la salvación de sus almas, y particularmente a la quietud y pacificación perpetua de aquel reino»[41]. El comportamiento de las nuevas autoridades, tanto civiles como religiosas, con un ideario unívoco cargado de un fuerte carácter religioso basado en el odio entre religiones, fue llevado a cabo a través de sus representantes en el recién conquistado reino granadino.

En el consiguiente apaciguamiento de la citada insurrección intervino el rey Fernando, que se desplazó hasta Lanjarón, rodeando su castillo, en el cual se habían hecho fuertes los cabecillas de la revuelta. Tras su rendición, fueron apresados «los rebeldes con increíble presteza, y allanadas las cosas de la Alpujarra»[42]. Este hecho fue considerado, como dijimos, por las instituciones, Iglesia-Estado, dada la simbiosis existente entre ambas, como la ruptura por parte de la población musulmana de los acuerdos de rendición firmados tras su sometimiento a la Corona castellana.

La disminución de la población por la huida de parte del vecindario mudéjar de la baronía de Órgiva y el consiguiente cambio de tributación para los que optaron por permanecer en su lugar de nacimiento redujeron significativamente las rentas señoriales.

El detrimento económico consiguiente que sufrió el Gran Capitán fue reconocido por el monarca y recompensado mediante la concesión de un juro, por importe de 250.000 maravedís, sobre las alcabalas «de las dichas sus villas e lugares y alquerías y caserías» del señorío[43]. En el albalá se estipulaba que su inscripción quedaba libre del pago:

---

[41] MÁRMOL CARVAJAL, L. del, *Historia del rebelión y castigo de los moriscos del reino de Granada*, Arguval, Málaga, 1991, cap. XXII.

[42] *Ibidem,* cap. XXVII.

[43] L. B. O., fol. 44 r.

> *(…) de diesmo y chanzillería, ni le pidáis, ni llevéis otros derechos algunos vuestros y de vuestros oficiales, por lo que todo ello montare, nos le hazemos merced*[44].

No obstante la claridad del texto, y al igual que en anteriores ocasiones, los contadores y oficiales regios mostraban su disconformidad con lo ordenado, no realizando los trámites adecuados, dado que la gratuidad de aranceles que, como dijimos, conllevaba la concesión les impedía percibir los derechos que tenían reglamentados. Ante la queja expuesta por el duque de Sesa, la Corona se reiteró en lo expresado en el título de concesión, bajo la amenaza por incumplimiento de lo mandado de diez mil maravedís para la Cámara Real[45].

Las razones por las cuales los monarcas concedieron a Gonzalo Fernández de Córdoba el expresado juro aparecen expuestas en la Real Cédula que emitieron, «acatando sus servicios e algunos gastos que ha hecho por mi mandado, de que nuestra merzed que no se ha pedido quentta, ni razón alguna»[46]:

> *(…) a causa de la conversión a nuestra santa Fee cathólica de todos los moros y moras del reyno de Granada, las rentas de la villa de Órjiva, Elbazete, con las caserías de ernalejos y de los lugares y*

---

[44]   *Ibidem,* fol. 47 r. El juro iba precedido de una Real Cédula, fechada en Toledo el 14 de mayo de 1502, por la cual los monarcas ordenaban a sus oficiales la exención total de impuestos «diezmos, ni chancillería, ni le pidáis, ni llevéis otros derechos algunos vuestros y de vuestros oficiales, por la citada concesión». El documento fue firmado en la citada ciudad el día 3 de junio de 1502.

[45]   *Ibidem,* fol. 48 r. La Real Cédula fue firmada por la reina en Alcalá de Henares el 4 de junio de 1503.

[46]   *Ibidem,* fol. 46 r.

alquerías de Baiaca, Carataunas, e Savatoia, e Barja, e Queneir, e Veleznier, e fano, y Cáñar, e Beniazar, e Sortis, que son en la taha de Órjiva, e del Jubiel, e del lugar de Busquístar, que es en la taha de Ferreira e Poqueira, que son en las Alpujarras de la ciudad de Granada, de que le havemos fecho y fezimos merced han venido en mucha diminución en alguna enmienda e remuneración y satisfacción de los dichos sus servicios, tenemos por vien y de nuestra merzed y voluntad que haia y tenga de nos por merzed, en cada un año, por juro de eredad para siempre jamás, doscientos y cinquenta mil maravedís situados y salvados en las alcavalas de las dichas sus villas e lugares y alquerías y caserías (…) para que usse de ellos desde el día de la conversión de los moros de la dicha su villa y lugares y alquerías y caserías e dende en adelante en cada un año para siempre jamás[47].

Las condiciones impuestas por la monarquía en el documento de concesión del juro eran las siguientes:

(…) con facultad de los e poder vender y empeñar, dar y donar, e trocar y cambiar, enajenar y fazer de ellos y en ellos como de cosa suia propia, libre y quieta y desembargada, salvo con Yglesia, o con monasterio, o con persona de orden, o de religión, o de fuera de mis reynos, que todo es nuestra merced que no lo pueda fazer sin nuestra lizencia y especial mandado[48].

Si en el presente o en el futuro el conjunto de las alcabalas de la dicha villa y lugares de su jurisdicción valiesen más, la

---

[47] *Ibidem*, fols. 43 r-44 r.
[48] *Ibidem*, fol. 44 r.

diferencia debía quedar para la Corona. En el supuesto de que su montante no alcanzase el importe del juro, la Hacienda Real quedaba liberada de abonar la diferencia.

Los problemas para el cobro del juro continuaron, ya que el duque de Sesa y Terranova volvió a quejarse a los monarcas de que sus contadores no llevaban a la práctica la carta de privilegio, pues imponían la siguiente condición:

> (…) *que ha de haver primero repartimiento de los maravedís del dicho juro, que en cada un año, de los dichos lugares quiere situar, la qual dizque al presente no lo puede hazer sin daño ni perjuicio suio, por estar algunos de los dichos lugares despoblados e los vecinos que en ellos quedan son nuevamente convertidos y movibles*[49].

La petición del duque de Sesa fue atendida por los reyes, ordenando que se cubriese el importe del juro sobre el conjunto de las alcabalas de las poblaciones del señorío, sin que previamente hubiese un reparto, «que nos por la presente relevamos de qualquier cargo y culpa por lo assí fazer», entre los distintos núcleos territoriales[50].

La Corona, ante la despoblación que se produjo en la Alpujarra como consecuencia del levantamiento morisco de 1568, suspendió el cobro de las alcabalas a partir de 1572 por un periodo de diez años, prorrogable por otros diez. Sin embargo, por ser territorio de frontera de la mar, en constante peligro pirático y poseer otras circunstancias adversas, el asentamiento de nuevos

---

[49]   *Ibidem*, fol. 48 r-48 v.

[50]   *Ibidem*, fol. 48 v. La Cédula fue emitida en Medina del Campo el 8 de julio de 1504.

pobladores fue muy lento, pues eran muchos los vecinos que abandonaban sus suertes. Por ello, se solicitó al rey la prórroga de la franqueza de las alcabalas otros doce años. La petición fue realizada en Granada, el 22 de mayo de 1586, por el licenciado Fernando Niño de Guevara, don Luis de Mercado y Arévalo de Çuaço[51]. Ante estas circunstancias, el duque no pudo percibir el importe del juro.

4. Transacción entre el duque de Sesa y las iglesias del señorío de Órgiva

En el título de concesión del señorío de Órgiva a Gonzalo Fernández de Córdoba se especifican con claridad los dominios económicos que los Reyes Católicos cedían a su titular:

> (…) los derechos maravedís para pechos y derechos, e otros qualesquier rentas, e penas, e calupnias, que a nos pertenesçen o pertenesçer pueden e deven, en qualquier manera, en la dicha villa y logares, y en sus términos e vasallos, por razón del señorío dellas, e con todos los diezmos de los moros que agora biven, e de aquí adelante bivieren en la dicha villa, y logares y sus términos, los quales a nos pertenesçen por bulla e provisión apostólica que dello tenemos[52].

Como ya dijimos, el levantamiento mudéjar supuso el fin de las capitulaciones de rendición en vigor. El bautismo en masa conllevó el fin de la tributación consuetudinaria musulmana y

---

51   A. G. S., C. C., leg. 2.193, s. f.
52   A. G. S., R. G. S., IX-1499, fol. 1.

su sustitución por la castellana. La desaparición por ley del culto religioso musulmán conllevó la incautación de todos los bienes propios de las mezquitas u otras instituciones pertenecientes a la religión islámica, los denominados bienes de habices[53].

Tras la rebelión morisca de 1568 y la consiguiente expropiación de sus bienes por considerarse un atentado contra la autoridad real, delito conocido como de lesa majestad, es decir, contra la seguridad nacional, la Corona nombró al licenciado Machuca como juez de comisión para que realizase los lotes o suertes, y posteriormente el reparto de sus haciendas a los colonos que viniesen a asentarse en el señorío de Órgiva. Previamente se había realizado el apeo y deslinde de las propiedades pertenecientes a los cristianos viejos, incluidas las atinentes al duque de Sesa[54].

Entre los documentos presentados por el gobernador del señorío, Juan Franco, al citado juez de comisión se encontraba un memorial en el cual se hacía relación a un pleito, ya finalizado, entre el duque de Sesa y el arzobispo de Granada sobre los

---

[53] Entre los cada vez más numerosos trabajos de investigación sobre los habices, a los cuales el lector interesado podrá acceder con facilidad, queremos citar algunos, realizados por ESPINAR MORENO, M., «Habices y diezmos del obispado de Guadix. Pleito con los marqueses del Cenete (1490-1531)», *Revista del Centro de Estudios Históricos de Granada y su Reino,* n.º 6, 1992, pp. 255-276; TRILLO SAN JOSÉ, C. y HERNÁNDEZ BENITO, P., «Topónimos de la Alpujarra según un manuscrito de rentas habices», *Miscelánea de estudios árabes y hebraicos,* vol. 37, 1988, pp. 285-306; y CABALLEIRA DEBASA, A. M., *Libro de los habices de la Alpujarra de 1530. Edición, estudio e índices de un manuscrito del Archivo Histórico Diocesano de Granada,* Academia Scientiarum Fennica, Helsinki, 2018.

[54] En mi tesis doctoral, *El señorío de Órgiva y su repoblación en tiempo de Felipe II,* se realiza un estudio en profundidad de todo el periodo de la repoblación en el señorío de Órgiva durante el siglo XVI.

diezmos y las posesiones de habices que disfrutaba el titular de la merced[55]. En el citado memorial se afirma que:

> *(…) toda la hacienda que tiene el señor en el estado es de avizes, que es el situado que tenían en ella los moros para el culto de sus mezquitas. Los señores reyes cathólicos hicieron merzed de ellos y los diezmos y del estado al señor don Gonzalo Fernández de Córdova, como consta de los privilegios retroescritos[56].*

Formando parte de la precedente demanda se encontraba una escritura de transacción firmada el 11 de octubre de 1568, con facultad real, entre el arzobispo de Granada, don Pedro Guerrero, y el duque de Sesa. En ella se hace referencia al requerimiento que, con fecha 8 de noviembre de 1527, don Pedro Ramiro de Alva, arzobispo de la ciudad de la Alhambra, puso al señor de Órgiva ante la Real Chancillería granadina, reclamándole los frutos de la tercera parte de los diezmos de todos los lugares del estado que «sin justo título» disfrutaba el señor de Órgiva[57]. La petición realizada por el alto representante eclesiástico se amparaba en la Real Cédula de 14 de octubre de 1501, por la cual los Reyes Católicos donaban a las nuevas parroquias que se edificarían en el antiguo reino nazarí los bienes de habices pertenecientes a las mezquitas y rábitas dedicadas al culto musulmán[58]. Según el prelado granadino, tales beneficios

---

[55] Donaciones de bienes, por lo general inmuebles o tierras, por parte de los fieles musulmanes para el sostenimiento de las mezquitas.

[56] L. B. O., fol. 60 v.

[57] En estas fechas el señorío estaba bajo tutela, ya que el futuro señor y sus dos hermanas eran menores.

[58] La Real Cédula fue emitida casi dos años después de la concesión de la merced.

les pertenecían «a las yglesias y fábricas y dottes de ellas, por una bulla que dezía haver del Papa Alexandro»[59]. En la concesión consta la donación papal a los Reyes Católicos y a los señores temporales de los seis novenos, que son «las dos terzias partes de los diezmos de todas las ciudades, villas y lugares del Reyno de Granada, de todos los moros que se convirtiesen», a partir del 5 de junio de 1500[60]. En cuanto al fruto de los habices y demás bienes que en época musulmana pertenecían a las mezquitas y estaban destinados para el pago de los salarios de «los alfaquíes, zeras, azeyte y reparo de las dichas mezquitas y para los almuédanos y todo ottro qualquier servicio de las dichas mezquitas», a partir de la mutación religiosa les correspondían a las iglesias de la taha, en virtud de la erección e institución, por autoridad apostólica delegada al cardenal don Pedro González de Mendoza, arzobispo de Toledo, con el consentimiento de los Reyes Católicos, patronos de las dichas iglesias y que, por tanto, estaban obligados desde la conversión en adelante a:

> *(…) que de sus propios bienes los dichos Cathólicos Reyes y los señores temporales que de ello tuviesen título o causa, edificasen a su propia costa las yglesias que fuesen necesarias en todas las dichas ciudades, villas y lugares de el dicho Reyno de Granada, en número y cantidad que dispusiessen el arzobispo o obispos de las dichas yglesias catedrales en dicho reyno, en sus diócesis[61].*

La monarquía consideró que con el tercio de los diezmos de los mudéjares convertidos, concedido por el pontífice en su bula, no era suficiente para el mantenimiento del culto y la erección y mantenimiento de los templos.

[59] L. B. O., fol. 61 v.

[60] *Ibidem,* fol. 62 r.

[61] *Ibidem,* fol. 62 r-62 v.

Por ello, el citado prelado demandaba ante la justicia real el incumplimiento de la citada bula, ya que el duque, sus hermanas o sus antecesores, poseedores del señorío por facultad real y que habían percibido las dos tercias partes de los diezmos, nunca habían querido cumplir con la nombrada bula. Ante estas circunstancias, solicitaba el importe de lo que había rentado la referida parte de los diezmos en los veintisiete años precedentes, que restituyesen todos los frutos junto con las rentas que las dichas posesiones habían producido, que construyesen las edificaciones religiosas necesarias en los lugares del estado que el arzobispo granadino dijese y que dejasen en adelante desembarazados tanto los bienes de habices como los citados diezmos. En consecuencia, reclamaba como suyos los indicados bienes, conjuntamente con los frutos obtenidos desde la conversión forzosa de la población musulmana al catolicismo, «y que hiciesen y edificasen de nuebo todas las yglesias de los lugares del estado, en número y cantidad que dicho arzobispo ordenase»[62].

De la demanda se dio traslado al duque y sus hermanas y, dado que eran menores de edad, se les nombró por curador *ad litem,* a los efectos del juicio, a Antón Pérez, procurador de la Audiencia y Chancillería de Granada, quien defendió los derechos de los herederos del Gran Capitán, Gonzalo Fernández de Córdoba, en base al título de concesión del señorío[63].

---

[62] *Ibidem,* fol. 63.
[63] Archivo Histórico de la Nobleza (A. H. Nob.), c. 23, d. 29-30 y 33. De los cuatro nietos del Gran Capitán, Francisca se casó con el marqués de Gibraleón; Gonzalo, con María Sarmiento de Mendoza, hija de Francisco de los Cobos, secretario del emperador; María Manrique murió sin contraer nupcias y Beatriz realizó su enlace matrimonial con el duque de Soma. Esta última renunció a su herencia a favor de su hermano Gonzalo, a cambio de la dote por casamiento de 50.000 ducados, en Baena

La Chancillería, en una primera sentencia, condenó al señor de Órgiva a la devolución de los bienes, diezmos y habices demandados por la Iglesia granadina, así como de los beneficios obtenidos de ellos durante los veintisiete años precedentes. Además, la resolución judicial obligaba al titular del dominio a que edificase las iglesias que el arzobispo determinase y mandase hacer en la taha de Órgiva, y que se hiciesen en el sitio por él señalado en el plazo de un año. Hay que tener presente que en aquellos tiempos los documentos o bulas emanados del papado, en lo tocante a religión y derechos de los bienes eclesiásticos procedentes de la religión islámica, eran de obligado cumplimiento y de rango superior a los regios.

Ante las apelaciones presentadas por ambos contendientes, el presidente y los oidores de la Real Chancillería de Granada volvieron a hacer otras probanzas con los testigos y las escrituras presentadas, emitiéndose nueva sentencia de confirmación, en grado de tenuta, el 23 de noviembre de 1535. El veredicto, por segunda vez, fue suplicado por parte del duque y sus hermanas ante el rey, «con la pena y fianza de las mil y quinientas dobladas, ante su Magestad y señores deel Real Concejo, a quienes su Magestad remitió dicho pleito para que en él se viese»[64].

Con fecha 12 de diciembre de 1566, se pronunció otra sentencia por el Consejo confirmando la dada «en vista y revista por la Real Chanzillería de Granada». En ella se eximía al duque y sus hermanas de que restituyesen el importe de los atrasos re-

---

el 3 de junio de 1539. Igual dejación hizo a su hermana Francisca, en parecidas circunstancias, el 14 de julio de 1542, aunque en este caso el importe del caudal alcanzó la cifra de 80.000 ducados.

[64]   L. B. O., fol. 66 v.

clamados desde la conversión por la tercera parte de los diezmos y, además, que se computase como fecha la de contestación a la demanda[65]. No obstante, el veredicto imponía como condición que se restituyese:

> (…) al duque y sus hermanas y ottras personas, en su nombre, todo lo que hubiesen gastado desde dicho tiempo en el ministerio y servicio de las dichas yglesias, y lo que hubieren dado y pagado a los clérigos y beneficiados que en ellas havían servido[66].

Ante este dictamen, el arzobispo solicitó del monarca que le diese carta ejecutoria, a fin de que dicho veredicto fuese cumplido, petición que con fecha 24 de diciembre de 1566 fue atendida por la Corona, emitiendo una Real Provisión el 24 de abril de 1567, por la cual dio comisión al licenciado Ybarguen para que ejecutase la resolución emitida, desplazándose a la taha de Órgiva, y diese al arzobispo granadino los bienes reclamados. Sin embargo, los representantes del duque seguían exponiendo sus derechos ante el mismo juez de comisión, por lo que:

> (…) visto por el dicho arzobispo, e yglesias y el duque, que entre todas las partes se esperaban hazer grandes costas, assi en juezes, como en ottras cosas en el suceso de este pleito, y que se trataba de liquidar cosas muy menudas y antiguas, y que no haviéndose de venir a probar lo que se prettendía por el dicho pleito a las dichas yglesias, era gran suma de maravedises, y assi mismo lo era lo que

---

[65] *Ibidem*, fol. 67 r.
[66] *Idem*.

en edificio de dichas yglesias de la dicha taha y lugar de Busquistar se havían de gastar, y que era obligación perpetua la que estaba a cargo del tenedor de el mayorazgo, y posehedor de las dichas tercias parttes de los diezmo, assi el dicho gasto de los nuevos edificios como en el perpetuo reparo de las yglesias. Y attento que al dicho duque por parte de dichas yglesias se daban los dichos bienes ávizes, y por otras muchas causas que a ello concurrían, se convinieron y concertaron por vía de transacción, el dicho arzobispo e yglesias con el duque y hermanas en la manera y forma siguiente[67].

El acuerdo alcanzado tras los cuarenta años que duró el litigio, dada la reticencia de la casa de Sesa a perder aquello que según el título concedido por los Reyes Católicos le pertenecía, conllevó la renuncia por parte de la Iglesia granadina a gran parte de lo reclamado, así como a las obligaciones dinerarias inherentes al señorío con las iglesias de la taha. Por otra parte, es admisible la continua oposición mantenida por los poseedores del dominio a aceptar los dictámenes judiciales, ya que los ingresos del citado estado de Órgiva habrían disminuido en tal proporción que su posesión se reduciría a un título de carácter institucional y prácticamente honorífico.

En la escritura de transacción firmada por ambas partes constan cesiones y condiciones. Por las primeras, las iglesias del dominio renunciaban a los beneficios que les pudiesen pertenecer por todos los frutos de los bienes de habices que el duque de Sesa y sus hermanas habían gozado hasta finales de 1567, en tanto que el titular del señorío se obligó a ceder a perpetuidad

---

⁶⁷ L. B. O., fol. 68 r-v.

«al arzobispo e yglesias las otras dos terzias partes de diezmos que posehía en la dicha taha de Órxiva y lugar de Busquístar por los cuales estaba condenado», desde el principio del año de esta escritura en adelante[68]. A lo anteriormente expuesto se unió una reparación por importe de ochocientos ducados por una sola vez, pagaderos a lo largo de ocho años[69]. A partir de este acuerdo, los diezmos, por comisión de los prelados, se arrendaban en quien más daba y se distribuían en la paga de los pontificales, de los beneficiados, curas y sacristanes, acólitos y demás ministros de las iglesias, que se les libraba cada año para nóminas, gastos de fábrica, menores, cera, vino, hostias, lavado de ropa, aceite para las lámparas del santísimo, ornamentos de lienzo o seda, fundiciones de campanas, fábricas de iglesias y reparos de ellas y otros gastos.

El acuerdo también liberaba al duque de Sesa de la obligación de edificar nuevas iglesias en los distintos lugares de la taha y Busquístar, así como del deber de hacer las reparaciones en las ya construidas o en las que se levantasen en un futuro. Igualmente, concedía al duque de Sesa la «possesión y en propiedad» de todos los bienes habices, tanto los contenidos en el memorial como cualesquiera otros que perteneciesen a las iglesias y no constasen en el citado expediente, para que pudiera disponer de ellos libremente. Así mismo, se le concedió la facultad de otorgar licencia para edificar hornos en todos los lugares del señorío.

---

[68] *Ibidem,* fol. 72 v.

[69] MARÍN LÓPEZ, R., «La Iglesia y el encuadramiento religioso», en BARRIOS AGUILERA, M. y PEINADO SANTAELLA, R. G. (eds.), *Historia del reino de Granada I. De los orígenes a la época mudéjar (hasta 1502),* Universidad de Granada y El legado andalusí, Granada, 2000, pp. 661–686.

En las cláusulas restrictivas impuestas por el arzobispo granadino, en nombre de las iglesias del señorío, se especifica:

(…) que desde agora el dicho duque de Sessa ha de declarar e declara, que recive los dichos bienes contenidos en los memoriales en esta escritura, expecificados por bienes avizes, que pertenecen a las dichas yglesias, como bienes que declara y confiesa que en tiempo de moros pertenecían a los almuédanos e mezquitas de ellos (…), bienes avizes que por las dichas sentencias de vista y revista e carta executoria de ellos pertenecieron a las dichas yglesias[70].

Tales condiciones fueron admitidas por el duque de Sesa en su nombre y en el de sus hermanas y sucesores en dicho dominio. El documento está fechado en la ciudad de Granada el 16 de septiembre de 1567.

Y en prueba de aceptación y conformidad por ambas partes se solicitó la confirmación y aprobación real. La Corona, satisfecha del acuerdo conseguido, emitió una Real Cédula, con fecha 12 de septiembre de 1568, confirmando dicha escritura de transacción y mandando agregar los bienes contenidos en dicho documento entre los pertenecientes al señorío. Posteriormente, y una vez concedida la validación real, el arzobispo, en nombre de las iglesias de la taha, y el duque, por sí y sus hermanas y sucesores, como titular de la donación, volvieron a aprobar, confirmar y ratificar la mencionada escritura de transacción ante el escribano Francisco de Córdoba el 11 de octubre de 1568.

---

[70]   L. B. O., fol. 70 r–70 v.

5. *La razia de 1565*

Las incursiones turco-berberiscas, bastante frecuentes en el sureste peninsular, aumentaron en número a partir de la conquista del reino de Granada. La taha de Órgiva sufrió una razia el día 24 de agosto de 1565[71]. La magnitud de la cabalgada fue muy importante, pues en ella participaron más de cuatrocientos hombres, dirigidos por antiguos residentes en la taha, que arribaron a la villa de Órgiva, situada a cinco leguas de la mar, tierra adentro, «y se llevaron muchas casas de moriscos de la dicha villa y su taha, unos por fuerça y otros de su voluntad y dexaron la dicha taha robada y casi despoblada y sin gente»[72]. Tal hecho produjo un gran impacto en la capital granadina debido a la poca defensa existente en estos lugares. Este hecho fue notificado por el duque de Sesa a Felipe II, a quien suplicó que, para resarcirse en parte del gran daño económico sufrido y volver a poblar la tierra a la mayor brevedad posible, le hiciese merced de los bienes y haciendas de los moriscos huidos a Berbería.

Era norma regia que las haciendas abandonadas por los neo-conversos, tras su huida al norte de África, fuesen incautadas para su venta por el capitán general del reino granadino, y su importe destinado a los reparos de las fortalezas de defensa de la costa. Sin embargo, Felipe II, ante la solicitud presentada por su fiel servidor, en la que exponía las grandes pérdidas sufridas debido a la importante huida de moriscos de su señorío, dispuso que, como

---

[71] Este tema ha sido tratado en profundidad en mi obra PUGA BARROSO, J. L., *El señorío de Órgiva y su repoblación en tiempo de Felipe II,* Servicio de Publicaciones e Intercambio Cultural de la Universidad de Málaga, 2006, pp. 144-147.

[72] A. H. A., L-257-3, s. f. Real Cédula emitida en Madrid el 4 de diciembre de 1565.

gratitud a los muchos servicios que le había prestado y seguía prestando, con carácter excepcional, del total del importe de los bienes incautados, «seis quentos y quinientas y sesenta y quatro mil y çiento y quarenta maravedís», cantidad que, según el conde de Tendilla, había supuesto la venta de los bienes abandonados, el duque de Sesa recibiese la mitad «para ayudar a reparar y restaurar el daño que así aveys resçibido, y poblar con más brevedad la dicha villa y su taha»[73]. El volumen de la cuantía de los patrimonios abandonados por los moriscos del señorío de Órgiva testimonia la magnitud de la huida de su población morisca.

---

[73] *Ibidem.* El término «quento» equivale al actual millón.

II

El mayorazgo de Órgiva

1. El mayorazgo como institución

El mayorazgo, tras su instauración, complementó al señorío y hasta su abrogación fue una forma de propiedad vinculada que permitía a sus titulares disponer de una renta, a la que se accedía según el orden de sucesión prefijado. Aunque esta figura legal existía desde el medievo, fue a partir de las leyes de Toro de 1505 cuando este régimen jurídico de carácter económico adquirió carta de naturaleza y fue un elemento clave para lograr la protección y evitar la disgregación del patrimonio de la nobleza y, al mismo tiempo, dotaba a este estamento de una evidente seguridad económica. Las citadas disposiciones eran un compendio legislativo que tenía entre sus objetivos prioritarios regular y garantizar los privilegios de la nobleza y de la Iglesia[74]. A partir de la instauración de esta normativa, la constitución de una propiedad vinculada podía realizarse sin necesidad de solicitar previamente la autorización de la Corona[75]. El auge de

---

[74]   Los bienes vinculados, raíces y de carácter mobiliario, aseguraban al primogénito el potencial económico para el futuro de la rama principal del linaje.

[75]   USURNÁRIZ GARAYOA, J. M., «Mayorazgo, vinculaciones y economías nobiliarias en la Navarra de la Edad Moderna», *Iura Vasconiae. Revista de Derecho Histórico y Autonómico de Vasconia,* n.º 6, 2009, pp. 383-424.

esta institución contrarrestó el derecho común castellano, que imponía el reparto igualitario de las sucesiones patrimoniales[76]. El mayorazgo, en esencia, no constituyó una entidad determinada, sino la designación de un orden sucesorio presidido por la primogenitura. Con la creación de esta figura regia se transmitía en su integridad la herencia familiar.

2. *El mayorazgo de Baena*

Don Diego Fernández de Córdoba fundó el mayorazgo de Baena, que encabezó en su hijo don Pedro Fernández, en la ciudad de Córdoba el 17 de enero de 1423. Esta primogenitura comprendía la villa de Baena y otros bienes, con la condición *sine qua non* de que, tras su fallecimiento, pasasen por línea masculina a sus descendientes varones, hijo, nieto o biznieto, y daba prioridad al mayor de ellos sobre los demás[77]. En el supuesto del fallecimiento de sus hijos varones antes que él, para acceder a la posesión del mayorazgo, el derecho de sucesión pasaba a sus hijas «por orden de mayoría»[78]. El 17 de enero de 1481, don Diego Fernández de Córdoba otorgó su testamento en la villa de Baena, y por una de sus cláusulas agregó al citado mayorazgo la villa de Cabra y sus aledañas de Iznájar y Rute, que había heredado de

---

[76] PÉREZ PICAZO, M.T., *El mayorazgo en la historia económica de la región murciana, expansión, crisis y abolición (siglos XVII-XIX)*, Ministerio de Agricultura, Pesca, Alimentación y Medio Ambiente, Madrid, 1990, p. 35.

[77] A. C.A., leg. 40, letra 11, n.º 12.

[78] El sistema de sucesión establecía que «si el dicho Pedro Fernández, mi hijo, (lo que Dios no quiera) muriese sin haver los dichos fijos o fijas, nietos, o nietas, e sus descendientes por la vía susodicha, que todo lo sobre dicho de el dicho mayorazgo, lo aya y herede el dicho Juan Rodríguez, su hermano». A. H. N., Consejos, leg. 31.935.

su ascendiente y abuelo, de homónimo nombre, con las mismas condiciones que las estipuladas en la institución primitiva[79].

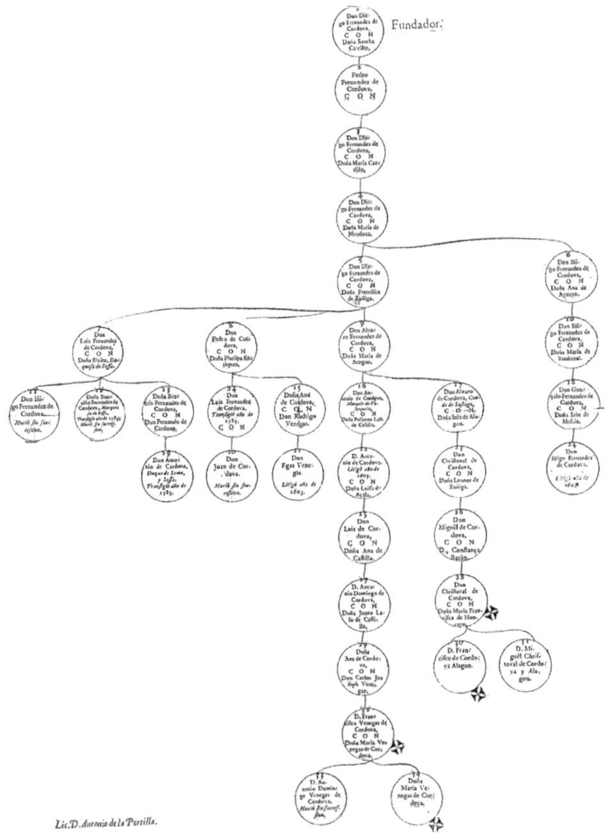

Figura n.º 3. *Árbol genealógico de los Fernández de Córdoba.*
Fuente: A. C. A., leg. 70.

---

[79]   *Ibidem.*

3. Integración del señorío de Órgiva en el mayorazgo de Baena y Cabra

Además del señorío de Órgiva, los monarcas otorgaron al Gran Capitán títulos y posesiones en Italia, entre otros el ducado de Sesa, en recompensa por su brillante actividad en el ejercicio de la milicia y su diligencia y conocimiento en el campo diplomático.

De su matrimonio con doña María Manrique tuvieron dos hijas, doña Beatriz, fallecida cuando era todavía «doncella», y doña Elvira, segunda duquesa de Sesa, que tras varios intentos de casamiento contrajo nupcias con don Luis Fernández de Córdoba, primogénito de la casa de Baena y, por lo tanto, descendiente agnado. El matrimonio entre ambas ramas de la nobleza, que además eran parientes cercanos, dio lugar a la unión del ducado de Sesa, Terranova y Andría con el mayorazgo de Baena y Cabra. En el compromiso matrimonial, entre otras muchas condiciones aceptadas por los contrayentes, se estipulaba que el varón primogénito de la unión llevaría igual nombre que su abuelo, el Gran Capitán.

Don Luis, cuarto conde de Cabra, ejerció con brillantez el cargo de embajador en Italia durante los papados de Adriano VI y Clemente VII. Del matrimonio entre don Luis y doña Elvira nacieron dos varones, denominados Gonzalo y Diego —este último murió tras el parto—, y tres mujeres, María, Francisca y Beatriz. Tras los sucesivos fallecimientos, primero de la madre, doña Elvira, y a los dos años del padre, don Luis, quedó como tutora de su nietos y administradora de los bienes su abuela materna, doña María Manrique, residente en la ciudad de Granada, y como heredero Gonzalo Fernández de Córdoba, conde de Cabra, vizconde de Iznájar, señor de la casa de Baena y del señorío de Órgiva[80].

4. Fundación del mayorazgo o estado de Órgiva

El mayorazgo, como dijimos, es una forma de propiedad vinculada. Este privilegio, en esencia, no constituyó una institución determinada. A través de él se transmitían en su integridad las herencias familiares y sus bienes pasaban a los mayorazgos[81].

El sistema hereditario de agnación o varonía estipulado por el creador del mayorazgo de Baena y Cabra funcionó, de acuerdo a lo fijado por su institutor, hasta don Gonzalo Fernández de Córdoba, quinto nieto del fundador, que ocupó el undécimo lugar en la línea sucesoria[82]. Tras su muerte sin dejar descendencia, su familia directa interpretó que, de acuerdo con la norma establecida, en ausencia de varón debía seguir en la misma línea sucesoria, por lo que la posesión del mayorazgo le correspondía a su hermana doña Francisca Fernández de Córdoba[83].

---

[80] A. H. Nob., Baena, c. 23, d. 29-33. Gonzalo Fernández de Córdoba compensó a sus dos hermanas, Francisca y Beatriz, con suficientes dotes con motivo de sus matrimonios.

[81] PÉREZ PICAZO, M. T. *El mayorazgo en la historia económica de la región de Murcia, crisis y abolición (siglos XVII-XIX)*, Ministerio de Agricultura, Pesca, Alimentación y Medio Ambiente, Madrid, 1990.

[82] Hijo de don Luis Fernández de Córdoba y doña Elvira, duquesa de Sesa.

[83] Entre los trabajos sobre el devenir de los mayorazgos destacamos el realizado por CLAVERO, B., *Mayorazgo: propiedad feudal en Castilla (1369-1836)*, Siglo Veintiuno de España Editores, Madrid, 1974. Sobre su disolución, mencionamos los excelentes estudios de GIBERT Y SÁNCHEZ DE LA VEGA, R., *La disolución de los mayorazgos*, Escuela Social de Granada, 1958, y TOMÁS Y VALIENTE, F., «La obra legislativa y el

Sin embargo, don Luis Fernández de Córdoba, varón agnado, descendiente de don Pedro Fernández, primo hermano de doña Francisca, interpuso demanda en el año 1581 en la Real Chancillería de Granada, alegando que doña Francisca no podía suceder en el mayorazgo de Baena, debido a la cláusula de sucesión impuesta por el fundador de consanguinidad varonil rigurosa, pues, siendo él descendiente de esta calidad, nunca podía tener derecho doña Francisca por su condición de mujer y, por lo tanto, la herencia le correspondía a él por ser hombre y descendiente del fundador por línea directa masculina[84]. En respuesta a tales argumentos, la demandada opuso los siguientes razonamientos:

> *(…) que la prerrogativa de su línea, como hermana entera del último poseedor: que según las reglas comunes de derecho no translineaba la successión, hasta que se evaquasse penitus la línea en que una vez havía entrado: que siendo esta regla y disposición de derecho en cualquier caso, se presumía bien que los fundadores se conformaban a ella; que una calidad exorvitante como es la de la agnación, no se podía inducir tan fácilmente, y asssi se le havía de absolver de la demanda, declarando pertenecerla la propiedad de dicho mayorazgo, como legítima successora[85].*

Don Antonio de Córdoba, duque de Soma, hijo de doña Beatriz y sobrino de doña Francisca, previsto por la familia como

---

sucesor en el mayorazgo, coadyuvó al derecho de su tía, alegando que era la legítima sucesora por hallarse en la línea donde había entrado, y que «no había alguna exclusión de hembras, ni de varones descendientes de ellas, en todo el contexto de dicha fundación; antes bien estaban expressamente llamados todos los descendientes de la línea en que una vez entrasse el mayorazgo», por lo que después de los días de su tía le correspondía a él la sucesión[86].

Iniciado el proceso judicial con la designación del tribunal real, pareció más oportuno y conveniente transigir:

> (…) atentos a la intimidad de sus parentescos, y la utilidad grande de mantener en su mejor correspondencia, consultando el dictamen de varias personas de inteligencia, conciencia y sabiduría, que instruidos en los méritos de justicia y sin escrúpulo interno, dictasen lo más legal y justo que concibiesen: pararon en una escritura de concierto que otorgaron en la ciudad de Alcalá la Real, en 17 de diciembre del año passado de 1583[87].

Examinada la disputa por el tribunal de la Real Chancillería de Granada, se decidió llegar a un concierto, con el parecer de dieciséis abogados, ocho por cada parte, la intervención de dos fiscales de la Chancillería y los curadores *ad litem* de los hijos menores, que a la sazón tenían don Antonio y don Luis, que actuaron como centinelas de sus derechos[88]. Ante la voluntad de acuerdo mostrada por los contendientes, se llegó a un concierto

---

[86]   *Idem.*

[87]   *Idem.*

[88]   Curador *ad litem*, según la Real Academia Española (RAE), es la persona nombrada por el juez para seguir los pleitos y defender los derechos de un menor, representándole.

en la población de Alcalá la Real el 30 de agosto de 1583[89]. El pacto fue ratificado en la ciudad de Granada el 17 de diciembre del mismo año.

En las capitulaciones firmadas se especifica que:

> *(…) don Luis por si, por sus hixos y descendientes varones, hembras y qualquiere ottro varón o hembra transversal que pudiese prettender tener el mismo derecho que don Luis, se apartase y desistiese de la pretensión acción y derecho que havía intentado en aquel pleito y de la que pudiese intentar en adelante para siempre jamás, contra los poseedores del estado de Baena y Cabra. Y en virtud de esta capitulación y convenio se les daba la varonía de Órxiva, con sus onze lugares, nueve cortijos en la vega de Granada, unas casas en dicha ciudad, dos mil ducados de renta en cada año sobre los estados de Baena y otros bienes que se expresan en dicha escritura de transacción[90].*

En 1585, de mutuo acuerdo, doña Francisca Fernández de Córdoba, duquesa de Sesa, su sobrino don Antonio de Córdoba, duque de Soma, y don Luis Fernández de Córdoba constituyeron en cabeza de este último el mayorazgo de Órgiva[91]:

> *(…) guardando entre los descendientes varones de dicho señor don Luis, la orden y forma de subceder que se debiera guardar, atenta la institución de el mayorazgo, hecho por el mariscal Diego*

---

[89] A. H. N., Luque, c. 794. En este documento aparece como fecha del concierto el 3 de agosto de 1583.

[90] L. B. O., fol. 4. En el documento no se especifican los lugares despoblados.

[91] *Idem.* «Con relación entera al principal mayorazgo, a que se unía».

Fernández de Córdova, primero fundador, cláusulas y llamamientos
de él y atenta la demanda y pretensión de el dicho señor don Luis,
univocando ambas fundaciones[92].

La importancia del mayorazgo ha sido muy relevante a lo largo de nuestra historia. Esta figura institucional, muy compleja, daba al tenedor prestigio, seguridad y estabilidad económica. Además, contó con el apoyo de la monarquía por el equilibrio que daba a la sociedad de la época, si bien dio lugar a numerosos pleitos[93].

El derecho de sucesión del nuevo mayorazgo o baronía de Órgiva incluía la villa y once lugares, «poblados y por poblar», más los cortijos de la vega de Granada denominados Daimuz, Daragoleja, Trasmulas, Chozuelas, Peñaflor y Coscojar, pertenecientes al término de Pinos; el de Tocón, a Íllora; y el de la Duquesa, al del Temple. Todos ellos, a excepción del de Coscojar, se podían recorrer sin pisar tierra ajena y lindaban, salvo el de Tocón, con el río Genil, el cual les suministraba agua para el riego de algunas de sus tierras. A lo anterior había que añadirle las casas principales de la iglesia mayor, situadas en la calle de

---

[92]   *Idem.*

[93]   Entre los estudiosos de esta institución, véase CLAVERO, B., *Mayorazgo: propiedad feudal en Castilla (1369-1836)*, Siglo Veintiuno de España Editores, Madrid, 1974. Este autor define al mayorazgo como «aquella forma del modo de propiedad vinculada cuyo régimen somete a las condiciones de la propiedad territorial feudal al colonato por medio de la prohibición de enfiteusis a la burguesía, gracias a la vinculación estricta y general, y a la Corona mediante la inconfiscabilidad, incluso en los delitos exceptuados, imponiendo al mismo tiempo, en beneficio de las líneas principales de la clase feudal, un proceso de acrecentamiento y acumulación patrimonial». Consultar también BERMEJO CABRERO, J. L., «Sobre noblezas, señoríos y mayorazgos», *Anuario de Historia del Derecho Español*, n.º 55, 1985, pp. 253-306.

San Matías, todo libre de censo y tributos. Por último, había que agregarle 2.000 ducados de renta anual, a censo abierto sobre el estado de Baena, si bien su propietario poseía la facultad de poderla redimir. A todo ello se le añadía «la carga de 60.500 maravedís que dicho señor don Luis, número 16, ha de pagar en cada un año, al Deán y Cabildo de la santa Iglesia de Santiago de Galicia, por la memoria de misas que sobre ellos dejó el Gran Capitán»[94]. Además:

> (…) el dicho estado de Vaena y Cabra a de quedar obligado, con facultad real, a la emición y saneamiento de los vienes y efectos inciertos a dicho señor don Luis, número 16, y sus descendientes y transbesales hasta en cantidad de sesenta mil ducados[95].

A lo largo de las cláusulas del documento se especifica que:

> (…) aquella y aquellas personas que conforme a la fundación y institución de el mayorazgo lo huvieren de haver y heredar (…) han de venir los dichos bienes a las personas, que conforme a derecho y la institución deel mayorazgo lo huvieran de haver (…) guardándose la orden y forma de subceder que se debiera guardar y guardará, atenta la institución de el mayorazgo hecho por el mariscal Diego Fernández de Córdova (…) guardándose en la subcessión de ellos lo mismo que está dicho en los descendientes varones de el dicho señor don Luis, de manera que siempre aya de subceder y subceda aquella persona o personas que conforme a la institución y fundación de el

---

[94]   A. H. N., Luque, c. 794.
[95]   *Idem.*

> *dicho mayorazgo lo hubiera de haver y herear (…) han de venir estos dichos bienes y rentas, por el dicho título de mayorazgo, en aquella persona que conforme a derecho y a la institución de el mayorazgo de el dicho mariscal huviere de venir*[96].

En el nuevo mayorazgo creado a partir del señorío de Órgiva, las referencias al fundado por el mariscal don Diego Fernández de Córdoba, a nombre de su hijo don Pedro Fernández de Córdoba, estaban más que patentes, no sólo en la letra, sino en el espíritu, gobierno y sucesión de la nueva institución, de donde se infiere que la sucesión de la recién creada primogenitura se había de gobernar de acuerdo con lo estipulado en la originaria de Baena y Cabra, «recibiendo inteligencia en lo que huviere duda, el de la transacción, por el de Baena»[97].

Tras los acuerdos alcanzados por ambos contendientes, con la confirmación de Felipe II, pues era condición *sine qua non:*

> *(…) que todo lo que se capitulaba y concertaba en ella había de efectuarse con voluntad expresa de su Magestad, con su aprobación, confirmación y revalidación*[98].

El monarca expidió una Real Cédula en San Lorenzo de El Escorial el 29 de diciembre de 1584, confirmando y dando licencia para que se otorgasen escrituras sobre dicho pleito. El convenio firmado por los litigantes con el citado beneplácito del rey se llevó

---

[96]   A. H. N., Consejos, leg. 31.935.
[97]   *Idem.*
[98]   *Idem.*

a cabo por imposición regia, para fomentar el mantenimiento de las buenas relaciones entre las altas familias de la nobleza[99].

De acuerdo con la citada Real Cédula, se firmaron tres escrituras, una para doña Francisca, otra para su sobrino don Antonio y la tercera para don Luis, «útiles a la mayor firmeza de lo convenido», en la ciudad de Granada, el 2 de mayo de 1585[100]. El pretendiente a la sucesión en el mayorazgo, don Luis, tras el acuerdo alcanzado, retiró el pleito, renunciando por sí y sus herederos a cualquier derecho de los que aducía tener en la demanda interpuesta contra los sucesores del estado de Baena y Cabra[101].

En virtud de esta Capitulación y convenio se le daba y se le dio la Varonía de Órxiva, con sus onze lugares, nueve cortijos en la vega de Granada, unas casas en dicha ciudad, dos mil ducados de rentta, en cada un año, sobre los estados de Baena y otros bienes que se expresan en dicha escritura de transacción, en cuya virttud se le entregaron a dicho don Luis para que los goze en su vida, y después succeda en ellos, por vía de mayorazgo, su hixo varón mayor y después de él todos los descendientes varones por línea de varones, descendientes del dicho don

---

[99] *Idem.* Los bienes reclamados eran las villas de Baena y Cabra, Doña Mencía, Iznájar, la villa de Rute, con todos los alcázares, castillos y fortalezas de dichas villas, con sus términos y jurisdicción y todas las rentas. Entre las razones que expone la Corona como fundamentales para el acuerdo, destacaba el espíritu de unión en la familia de la casa de Córdoba. El acuerdo fue alcanzado en Alcalá la Real el 30 de agosto de 1583 y la escritura se firmó en la ciudad de Granada el 17 de diciembre del mismo año.

[100] El nuevo mayorazgo de Órgiva comprendía los territorios otorgados por los Reyes Católicos a Gonzalo Fernández de Córdoba, más nueve cortijos en la vega de Granada, unas casas en la ciudad de Granada y otros bienes, además de 2.000 ducados de renta cargados sobre los estados de Baena y Cabra.

[101] En el supuesto de que don Luis o sus descendientes quisiesen revocar este acuerdo, incurrirían en la pena de 60.000 ducados.

Luis, guardándose enttre los descendientes varones del dicho don Luis, la orden y forma de succeder que se debería guardar y guardará, attenta la instrucción hecha por don Diego Fernández de Córdoba, fundador[102].

Como consecuencia de la transacción, los litigantes, «por asiento y convenio que estipularon perpetuo, y en todo tiempo válido, hizieron la fundación de este mayorazgo, omitiendo en ella dar llamamiento a las hijas y descendientes de los que fueran sus posseedores»[103]. Como recompensa, doña Francisca se quedó con el mayorazgo de Baena y Cabra, «como regular según lo expresso de la transacción»[104].

La exclusión en la sucesión de la mujer como heredera ante la falta de varón hacía posible el cambio de línea sucesora ante la ausencia de descendientes masculinos de don Luis, y su regreso a los varones legítimos, no legitimados, por línea de varón de Pedro Fernández de Córdoba, hijo del fundador del mayorazgo, el citado mariscal Diego Fernández de Córdoba.

Realizada la transacción, el mayorazgo de Órgiva estuvo bajo la posesión y autoridad de don Luis hasta su muerte, sucediéndole su primogénito, don Juan. Tras el fallecimiento de este, en 1603, al no tener descendencia legítima, y tras un nuevo pleito, el dominio pasó a don Egas Venegas Fernández de Córdoba, señor de Luque, hijo de doña Ana, hermana de don Luis, el que demandó sus derechos a doña Francisca[105]. Pero esta sucesión fue impugnada por

---

[102]   L. B. O., fol. 4 v.

[103]   A. H. N., Consejos, leg. 31.935.

[104]   *Idem.*

[105]   La familia Venegas o Egas pertenece a un linaje muy antiguo, pues se remonta a los reyes asturleoneses en los territorios de Galicia y Portugal. Se asentaron en Castilla en tiempo de Fernando III y sus miembros participaron en la reconquista de Córdo-

don Antonio Fernández de Córdoba, marqués de Valenzuela, por ser varón descendiente de varón. Tras el controvertido juicio ante la justicia ordinaria de Granada, esta emitió sentencia de posesión en 1604 a favor de don Antonio Fernández de Córdoba.

Figura n.º 4. Cruz mandada erigir por don Juan Fernández de Córdoba en Albacete de Órgiva (1596)

ba, recibiendo donaciones territoriales como recompensa por los servicios de armas prestados en la contienda.

Como consecuencia de su finamiento, le sucedió en el mayorazgo su hijo don Luis, quien en 1613 demandó al duque de Sesa por la posesión de los estados de Cabra y Baena, pretendiendo invalidar la escritura de transacción hecha entre don Luis y doña Francisca por existir «cesión enormísima» o rescisión de un contrato oneroso, que se hubiese aceptado por apremiante necesidad o inexperiencia, y alegando que él debía suceder en dichos estados por ser descendiente de varón del fundador del mayorazgo. La pretensión de don Luis fue dada por nula por la justicia[106]. Tras su fallecimiento, heredó el dominio don Antonio Domingo, y a este le sucedió doña Ana Fernández de Córdoba, esposa de don Carlos José de Venegas, marqueses de Valenzuela, «por haver aprehendido posesión de los vienes de este mayorazgo, como de libres, y no por su título y fundación, ni ser pretendiente por ella según pide la ley». Le sucedió en el mayorazgo su hijo don Francisco Venegas Fernández de Córdoba, y a este su descendiente don Antonio Domingo, que murió el 22 de septiembre de 1727 sin dejar sucesión masculina, por lo que la baronía de Órgiva quedó nuevamente vacante[107].

El 10 de diciembre de 1727, don Cristóbal Fernández de Córdoba, conde de Sástago, interpuso demanda de posesión y tenuta de los frutos, rentas y preeminencias del mayorazgo de Órgiva a doña María Venegas de Córdoba, madre y tutora de doña María Vicenta Venegas, tras la muerte de su marido, don

---

[106] L. B. O., fol. 7 r. En el texto, el escribano se expresa con las siguientes palabras: «Se mandó por senttencia de vista, revista y mil y quinientas, guardar la referida escritura y dar por nula la pretensión de don Luis».

[107] A. C. A., leg. 70, c.ª 1.ª, documentos n.º 1 a 6. Por lo tanto, don Antonio Domingo Fernández de Córdoba fue el último marqués de Valenzuela titular del estado de Órgiva.

Antonio Domingo Fernández de Córdoba, marqués que fue de Valenzuela[108]. Presentadas las pruebas por ambos litigantes, en noviembre de 1729, ya que el uno y el otro aducían que les pertenecía el patrimonio, el Consejo de Castilla puso los bienes del mayorazgo en secuestro y administración a prueba durante los ochenta días que marcaba la ley. Concluido el pleito entre el conde de Sástago y la referida marquesa, por sentencia de 17 de agosto de 1730 se mandó dar la posesión de todos los bienes producidos por el estado de Órgiva a don Cristóbal Fernández de Córdoba Alagón Herrera Roxas y Guzmán, conde de Sástago, desde el día que murió don Antonio Domingo. La sentencia fue refrendada en Madrid el 23 de septiembre de dicho año por don Juan de Ycaza y Moral, secretario de Cámara del Real Consejo[109]. En el testimonio de la toma de posesión *in situ* se especifica:

> *(...) que se requiriese a todos y quales quiera deudores, de-*
> *tentadores de los vienes y rentas de dicho estado, acudiesen al dicho*
> *excelentísimo señor o en su nombre al referido don Joseph Felipe, su*
> *apoderado con el producto de ellos vencidos y que se venciesen, en*

---

[108] *Tenuta,* según el *Diccionario de la lengua española* de la RAE, es la posesión de los frutos, rentas y preeminencias de algún mayorazgo que se gozaba hasta la decisión de la pertenencia de su propiedad entre dos o más litigantes.

[109] L. B. O., fol. 11 r. Las escrituras del estado de Órgiva estaban depositadas en la escribanía de don Francisco de Zéspedes, en la villa de Órgiva. Las posesiones de los ocho cortijos y las casas en el barrio granadino de la Antequeruela, los reconocimientos de censos de las haciendas situadas junto al Soto de Roma y los arrendamientos de los dichos ocho cortijos se custodiaban en la escribanía de don Francisco de Ortega, escribano de número de la ciudad de Granada. Las posesiones en la ciudad de Cabra eran custodiadas por el escribano de dicha ciudad don Francisco Lozano Carrillo. Por último, los censos que se pagaban al mayorazgo en la villa de Órgiva se hicieron entre los años 1731 y 1732 por el escribano de la citada villa.

> *cuyo cumplimiento estando en la casa palacio de dicho Estado, don*
> *Miguel Joseph Sánchez, alcalde y Juan Pérez Rodríguez y Pedro*
> *Jiménez Bueno, rejidores de dicha villa juntos en su ayuntamiento,*
> *por el dicho licenciado don Joseph Felipe en dicho nombre pidió se*
> *le diese la posesión de dicha villa y lugares de su Estado, lo que*
> *por dicho governador se le dio y en señal de ella recojió las baras de*
> *dicha justicia, las que juntas con la suia entregó al suso dicho señor,*
> *en nombre de dicho excelentísimo señor dio la vara de gobernador,*
> *de dicho Estado, a don Raimundo Aznar y San Juan y las demás*
> *a los dichos ministros[110].*

A la toma de posesión del mayorazgo de Órgiva, celebrada en la casa palacio del señorío en la villa el día 20 de septiembre de 1730, no acudió el conde de Sástago, delegando en su apoderado, el presbítero don José Felipe. En el acto de entrega de poderes el gobernador saliente, don Miguel José de Ribera, juntamente con el alcalde, José Sánchez, y los regidores Juan Pérez Rodríguez y Pedro Jiménez Bueno, en presencia del escribano don Francisco de Zéspedes Buesso, entregó su vara de justicia y las del resto de los regidores al citado delegado del conde de Sástago, quien a su vez transfirió dichos cargos al nuevo gobernador, don Raimundo Aznar y Sanjuán, y este a su vez a los nuevos regidores designados[111].

---

[110]   A. C. A., leg. 70, c.ª 1.ª, n.º 1. Los reconocimientos de los censos que pagaban al mayorazgo de Órgiva se hicieron entre los años 1731 y 1732 por parte del escribano don Francisco de Zéspedes Buesso.

[111]   El día 26 de septiembre de 1730 se realizó la toma de posesión de los cortijos y demás rentas pertenecientes al mayorazgo en el término de la villa de Íllora y Pinos Puente, y en la ciudad de Granada de una casa en el barrio que llaman de Antequeruela, en la colación de San Cecilio.

5. La Junta de Incorporación de 1706

Felipe V, desde el comienzo de su reinado, emprendió una política de incorporación a la Corona del patrimonio real (señoríos, rentas reales, oficios públicos y demás bienes) que, fundamentalmente a lo largo de los siglos XVI y XVII, sus antecesores habían ido enajenando, bien por merced o por precio[112].

El monarca creó mediante el decreto de 21 de noviembre de 1706 la denominada Junta de Incorporación:

> *(…) por quanto, con el motivo de la continuación de la guerra en tantas partes y provincias de España y de lo que precisaba la defensa de mis dominios, para mantener la livertad y el honor de la nación y solicitar los medios para la manutención y aumento de las tropas, por órdenes mías de veinte y uno de noviembre de mil setecientos y seis, veinte y siete de junio y tres de diciembre de él de mil setecientos y siete, resolví valerme por dos años que cumplieron fin de junio de él pasado de mil setecientos y ocho de las alcavalas, tercias reales, cientos, millones y demás rentas, derechos y oficios, que por qualquier título, motivo o razón se hubiesen enagenado y segregado de la Corona[113].*

Mediante esta orden regia, tanto el Consejo de Castilla como la Hacienda Real podían iniciar un plan de reversión a la Corona de las rentas reales y oficios públicos enajenados, sin mover pleitos[114].

---

[112]   GIULIANI MALLART, A., «Datos y reflexiones sobre la Junta de Incorporación (1706-1717)», *Anuario de Historia del Derecho Español,* n.º 67, 1997, pp. 1.029-1.038.

[113]   A. C. A., leg. 70, c.ª 2.ª, n.º 3.

[114]   El profesor don F. TOMÁS Y VALIENTE realizó diversos trabajos sobre el tema.

En cumplimiento de dicho decreto, el titular del señorío, don Antonio Fernández de Córdoba, presentó una copia del documento de concesión de los Reyes Católicos a Gonzalo Fernández de Córdoba, obtenida del Archivo General de Simancas[115]:

> *(…) acompañada del testimonio de Silvestre de Zéspedes Bueso, escribano, dado en la villa de Órgiva en trece de enero de este año, por donde constó importaban las referidas rentas siete mil quatrocientos y trece reales de vellón cada año y que se componían de censos de casas, un cortijo que llaman de Vezquerina, dos molinos de aceyte, censos de otros molinos de pan moler, de hazas y olivos, morales, de adealas de gallinas que en propiedad y había tenido la casa y dueños de aquel estado, en virtud de privilegios reales, cuyas haciendas se habían arrendado, y hoy lo estaban por dicho marqués y que de orden del presidente de la Chancillería de Granada estaba hecho embargo en dichas rentas con motivo deel valimento[116].*

El carácter ambiguo del proceso de incorporación alcanzó su máxima incomprensión durante el siglo XVIII, pues si por un lado los soberanos impulsaban con gran tesón la integración a la Corona de los bienes enajenados con anterioridad, por otro llevaban a cabo numerosas ventas[117]. En el citado documento se prevenía de la obligación que tenían todos los titulares de rentas

---

Entre los más destacados se encuentra «La venta de oficios de regidores y la formación de oligarquías urbanas en Castilla (siglos XVII y XVIII)», en *Historia. Instituciones. Documentos,* n.º 2, 1975, pp. 523-547.

[115] A. G. S. El documento original, catalogado en el R. G. S., IX-1499, fol. 1, tiene fecha de 26 de septiembre de 1499.

[116] A. C. A., leg 70, c.ª 2.ª, n.º 3.

[117] GIULIANI MALLART, A., *Op. cit.*, p. 1.028.

reales, de oficios públicos y cualquier otro derecho enajenado por la Corona de presentar los títulos que justificasen su posesión, encomendando a personas nombradas por el rey, ministros, la tarea de reconocimiento y justificación de tales títulos[118].

El objetivo de la citada norma era «que todas las rentas y oficios enagenados, se bolviesen a incorporar a la Corona»[119]. Sin embargo, la finalidad fundamental de este decreto era la imposición de un valimiento equivalente al producto de dos años de las «alcabalas, terzias reales, zientos, millones, servizio real y todos los demás derechos y offizios, que por qualquier título, motivo o razón se hayan enagenado y segregado de la Corona, para aliviar la debilitada Hacienda, apremiada por la reciente guerra de sucesión»[120].

El encargado de llevar a cabo la orden regia de embargo por el valimiento del estado de Órgiva fue el presidente de la Real Chancillería de Granada. El importe anual de las rentas se elevaba a 7.413 reales de vellón y se componían de censos de casas, el cortijo de Bezquerina, dos molinos de aceite, censos de otros molinos de pan, de hazas, olivos, morales y de «adealas de gallinas».

---

[118]   Por decreto de 8 de enero de 1817, la Junta dejó de existir, quedándose con este cometido el Consejo de Hacienda.

[119]   Sobre la incorporación de las alcabalas y de los señoríos jurisdiccionales, véase MOXÓ, S. de, *La alcabala. Sobre sus orígenes, concepto y naturaleza,* CSIC, Madrid, 1963, pp. 624-627.

[120]   En el *Diccionario de autoridades* (1739), se define el valimiento con las siguientes palabras: «Privativamente se toma por el servicio que el rey manda le hagan sus vasallos de alguna parte del caudal o rentas de sus haciendas u propios, valiéndose de ellas para alguna urgencia por tiempo determinado». Ed. facsímil, Gredos, Madrid, 1963.

Por su parte, el marqués de Valenzuela remitió a la Junta un memorial solicitando quedar exento del decreto de incorporación y valimiento:

> *(…) y visto en la referida Junta y dádome cuenta, de lo que se la ofrecía en consulta de doce de este presente mes, vine en consideración de que la concesión primitiva de los Reyes Cathólicos fue por servicios señalados en la conquista de el mismo Reyno, donde se situó la merced en que se le mantubiese en la propiedad y goce de los ábices, y demás rentas de censos, casas, cortijo, gallinas y molinos de aceyte, exceptuando todo deel decreto de incorporación y de el de valimiento*[121].

Con fecha 13 de septiembre de 1709, la Corona emitió una Real Cédula por la cual se aplicaba únicamente el valimiento por dos años a los dos molinos de aceite, ordenando, al mismo tiempo, restituir al señor de Órgiva el importe de lo embargado, con la excepción de lo correspondiente a los citados molinos, quedando todos los bienes libres de la incautación para el goce del titular del mayorazgo.

6. El proceso de desvinculación de los bienes nobiliarios

Las disposiciones desamortizadoras anteriores a la invasión francesa no produjeron efectos significativos, ya que fueron escasos los propietarios que liberaron sus vínculos. Por una Real Cédula de fecha 11 de enero de 1799, el rey animaba a la enajenación

---

[121] A. C. A., leg. 70, c.ª 2.ª, n.º 3.

de bienes vinculados. En el caso de los mayorazgos, su venta iba condicionada a ingresar en la Caja de Amortización siete octavos de su importe, y el titular de los bienes se quedaría con la octava parte, aunque la Corona reconocía la suma total como deuda del mayorazgo y su titular percibiría cada año un 3 % de intereses. Sin embargo, la seguridad de su devolución por parte del Estado fue considerada nada segura.

Las disposiciones legislativas relativas a la desvinculación de los señoríos, unas de carácter abolicionista y otras ratificadoras de los privilegios concedidos por la monarquía, fueron derogadas y vueltas a ratificar a lo largo de las primeras décadas del siglo XIX. El 6 de agosto de 1811, las Cortes de Cádiz abolieron la jurisdicción, pero mantuvieron la propiedad de las tierras con los derechos de propiedad plena. Se suprimieron los restos del régimen señorial, es decir, el vasallaje, las prestaciones jurisdiccionales o personales y los privilegios. Los señoríos jurisdiccionales se incorporaban a la nación y los territoriales o solariegos pasaban a ser considerados como propiedades de particulares[122]. Tras el regreso de Fernando VII, el monarca emitió una Real Cédula, el 15 de septiembre de 1814, confirmando la citada legislación, aunque restituyendo los antiguos señoríos solariegos.

---

[122] Un trabajo conciso pero muy interesante es el realizado por RUEDA HERNANZ, G., «La supresión de señoríos y el proceso desvinculador de los bienes nobiliarios», *Aportes*, n.º 89, año XXX, 2015, pp. 41-58. En el señorío solariego o territorial los habitantes que lo integran, denominados solariegos, están ligados al señor por una relación de dependencia económica y jurídica privada.

Con la llegada del liberalismo al poder en 1820, se reanudó la obra reformista de las Cortes de Cádiz mediante el decreto de 27 de septiembre de 1820, posteriormente convertido en ley el 11 de octubre del citado año. En el primero de sus artículos se especifica:

> *(…) quedan suprimidos todos los mayorazgos, fideicomisos, patronatos y cualquiera otra especie de vinculaciones de bienes raíces, muebles, semovientes. Juros, foros o de cualquier otra naturaleza, las cuales se restituyen desde ahora a la clase de absolutamente libres*[123].

En el segundo enunciado se estipula que los poseedores actuales podrán disponer, como propios, de la mitad de los bienes, y después de su muerte la otra mitad pasaría a su sucesor.

La legislación de 26 de agosto de 1837, promulgada bajo el gobierno de María Cristina, junto con las anteriores disposiciones, dio el finiquito al régimen señorial. A la disolución de los señoríos hay que sumar la desvinculación de los mayorazgos por la ley de 27 de septiembre de 1820[124].

Fue a partir de las leyes de 1836 y 1841 cuando se produjo una desvinculación generalizada. Como norma general, el patrimonio se dividía en dos partes; una de ellas podía ser vendida en vida por el titular del mayorazgo y la otra mitad quedaba para sus herederos. Al morir el dueño, su hacienda se fraccionaba en dos

---

[123] *Op. cit.* p. 51.

[124] El 27 de septiembre de 1820, las Cortes aprobaron el decreto de supresión de todos los mayorazgos. Fernando VII firmó la resolución, que apareció publicada en la *Gaceta de Madrid* el 20 de octubre del citado año. Entre los estudios sobre este tema destacamos el realizado por MOXÓ, S. de, *La disolución del régimen señorial en España*, CSIC, Madrid, 1965.

partes, una para al hijo mayor y la otra para el resto de herederos. A partir de la siguiente generación, la herencia se regiría por la ley ordinaria[125].

---

[125] El galimatías de disposiciones legislativas de carácter abolicionista o revocatorio se extendió a lo largo de décadas durante el siglo XIX. La afinidad entre la nobleza y la judicatura de la época era tan estrecha que en la mayor parte de los litigios en los que intervino la nobleza el resultado le fue favorable.

III

Territorios que constituían el mayorazgo de Órgiva

1. La taha de Órgiva

1.1. ALBACETE DE ÓRGIVA

La villa de Albacete de Órgiva, denominación que aún conservaba a mediados del siglo XVIII, era la población más importante del señorío de Órgiva. En el manuscrito titulado *Libro Becerro de Órgiva,* elaborado en 1733, el escribano la describe con las siguientes palabras: «Situada al pie de Sierra Nebada, por la parte que mira al medio día, en cuia falda están todos los demás lugares del estado, excepto el de Busquístar, que está situado en ottra, por la parte que mira a lebante»[126]. Tras reseñar los términos con los que confina, nos describe la bonanza de su clima, ya que:

---

[126] L. B. O., fol. 75. Su redacción fue ordenada por don Marcos Coarasa y Lambea, gobernador y administrador general de los estados de su excelencia el conde de Sástago y secretario del Santo Oficio de la Inquisición de Aragón. La finalidad de este manuscrito era poseer un registro de los bienes pertenecientes al estado o mayorazgo de Órgiva, cuyo núcleo fundamental, el señorío de Órgiva, fue donado por los Reyes Católicos al Gran Capitán, Gonzalo Fernández de Córdoba. Comienza el documento relacionando los títulos nobiliarios que poseía su titular, don Cristóbal Fernández de Córdoba Alagón Aragón Bazán Herrera Roxas y Guzmán, conde de

> *(…) goza de un temperamento muy templado, de saludables ayres*
> *y de muchas aguas, que por tres ríos se desquelgan de la referida sierra,*
> *los dos ríos que pasan por los dos costados de esta villa regularmente*
> *llevan poca agua, y por esta razón les llaman secos, pero fecundan las*
> *vegas desta villa, Sorttes y Venisalte, cuyas vegas y términos divide el*
> *que passa por la parte que mira a poniente, el ottro pasa por vajo de*
> *la vega y le llaman el grande, assi porque se le juntan el del varranco*
> *de Poqueyra y el de Cádiar, como porque continuamente trae agua*
> *y con más frecuencia en el verano que en el ibierno, procedida de la*
> *nieve que se desaze en la referida Sierra Nevada*[127].

Por último, al explicar su urbanismo, el plumista ensalza la belleza de sus estrechas calles, «pero están tan adornadas de árboles frutales, las casas y guertos que las componen, que hazen muy estendida población y deleytosa a la vista, en el tiempo de primavera y otoño, con su amenidad». Con estas palabras finaliza la descripción de Albacete de Órgiva en el citado libro[128].

Su poblamiento, en 1733, era de unos trescientos vecinos[129]. Si nos retrotraemos 150 años, es decir, al inicio de la repoblación, que comenzó en 1578, tras la expulsión del pueblo morisco de

---

Sástago, marqués de Aguilar, señor de la villa de Órgiva y lugares de su jurisdicción. Esta obra fue fotocopiada por don José Cabrera Fernández. Su propietario en esas fechas era don Víctor Fernández, a la sazón director de la Villa Turística de Bubión, en la Alpujarra, provincia de Granada. El texto se inicia con un índice numerado o «Tabla de las cosas más principales de este libro», que abarca hasta el folio 293, si bien contiene numerosas páginas en blanco.

[127]   *Ibidem,* fols. 75 v y 76 r.

[128]   *Ibidem.* Don Cristóbal Fernández de Córdoba Alagón tomó posesión del mayorazgo de Órgiva en el año 1730.

[129]   Dato aproximado, al igual que pasa con el cálculo de las tierras, donde se indica siempre la expresión «poco más o menos».

sus lugares de origen y su reparto por otros reinos peninsulares, el Consejo de Población estableció en cien el número de familias a asentar en la villa de Albacete de Órgiva y el lugar de Pago, que se le anexó[130]. Pero este número no se alcanzó pronto, pues muchos de los que se establecieron en los primeros años optaron por abandonar sus suertes, debido básicamente a la dificultad de obtener alimentos para su sustento de unos campos que habían estado prácticamente abandonados desde el inicio del conflicto, con el agravante de la práctica guerrera de tierra quemada llevada a cabo durante la contienda, básicamente por las tropas realistas. A ello había que sumarle el estado ruinoso en que se encontraba la mayor parte de los habitáculos o viviendas, derruidas por el abandono y los enfrentamientos bélicos producidos en los alrededores del fuerte de Órgiva, construido para resguardo de las tropas cristianas. Ante circunstancias tan adversas, el citado consejo redujo el cómputo de familias a asentar a setenta y dos cabezas de familia, pero aun esta cifra resultó inalcanzable a corto plazo, pues durante la inspección realizada por el visitador real

---

[130]   Con anterioridad al levantamiento morisco de 1568, sólo existieron cristianos viejos residentes en la villa de Albacete. Tras la expulsión de los neoconversos, y previamente al asentamiento de los nuevos repobladores, se realizó por el juez de comisión designado por el Consejo de Población de Granada el apeo y deslindamiento de los bienes pertenecientes al duque de Sesa y a los cristianos viejos residentes en la taha, así como el total de suertes destinadas a los nuevos colonos. En un documento conservado en el Archivo Provincial de Granada (A. P. G.), por desgracia incompleto, aparecen relacionados once propietarios, cristianos viejos, que reclamaron sus bienes. Véase PUGA BARROSO, J. L., *Reivindicación de bienes en la taha de Órgiva tras la guerra de la Alpujarra*, Ayuntamiento de Órgiva, Biblioteca Pública Municipal, Imprenta Gallego, Órgiva, 1993.

en 1593 sólo constató la existencia de cincuenta y dos cabezas de familia residentes[131].

Las posesiones agrícolas del titular del mayorazgo en estas fechas, el nieto del Gran Capitán, de igual nombre que su abuelo, estaban formadas por parcelas de pequeña extensión de terreno, provenientes de los habices o posesiones de las mezquitas, muy repartidas por los términos del señorío.

En el manuscrito de 1733 aparecen citados 130 propietarios cuyas haciendas lindaban con fincas pertenecientes al conde de Sástago. De ellos, cuatro no eran residentes en la villa, y en seis de los casos aparecen como herederos de un repoblador fallecido. En veintitrés de los colonos citados se antepone el título de «don», cuatro de los cuales son mujeres, una domiciliada en Granada y tres en Albacete[132]. En cuanto a los hombres, cuatro eran presbíteros, dos con residencia en Órgiva, uno en Granada y otro en Torvizcón. Del resto de pobladores, trece moraban en la villa, más el escribano del estado de Órgiva, don Francisco de Zéspedes, y un foráneo que vivía en Nigüelas. Estos datos, al ser

---

[131]   En la visita que realizó el visitador real Jorge de Baeza Haro a la Alpujarra, comprobó que en la villa de Órgiva, de las setenta y dos familias que constaban como asentadas, once estaban ausentes y las nueve suertes no adjudicadas habían sido repartidas entre el resto de los residentes. PUGA BARROSO, J. L., *El señorío de Órgiva y su repoblación en tiempo de Felipe II,* Servicio de Publicaciones e Intercambio Cultural de la Universidad de Málaga, 2006.

[132]   El «don» se utilizaba para diferenciar al noble del plebeyo. La Corona española vio en la concesión de este título una nueva forma de recaudación; por ello, desde mediados del siglo XVI, los monarcas pusieron en venta los títulos de hidalguía, que incluían el derecho de usar el «don» o «doña». Por Real Decreto de 3 de julio de 1664, se estableció su costo en doscientos reales por una vida, cuatrocientos por dos y seiscientos a perpetuidad. Véase un interesante estudio sobre el tema en AZOFRA SIERRA, M. E., *Morfosintaxis histórica del español: de la teoría a la práctica,* Universidad Nacional de Educación a Distancia, Madrid, 2009.

parciales y, por lo tanto, imprecisos, no nos permiten conocer el censo total de residentes en la villa; sin embargo, nos acercan al conjunto de vecinos con propiedades en el mayorazgo, ya que las posesiones del señor de Órgiva estaban muy repartidas.

Al describir las viviendas, se especifica que «en lo general no tienen hermosura alguna»[133]. Generalmente, poseían junto a ellas un huerto y estaban construidas, en su mayoría, con tapias de piedra y barro. Sus terrados se impermeabilizaban con launa, si bien en la zona el término utilizado era el de tierra azul[134]. Eran pocas las moradas que habían sido levantadas con piedra y argamasa y techadas de tejas. El habitáculo más destacado del vecindario era la casa palacio del mayorazgo, residencia del gobernador de turno, de edificación muy firme, que constaba de dos salas, tres aposentos y una cocina en alto. En el primer descanso de la escalera se hallaba una estancia y en los bajos dos cuartos y la caballeriza, más otra habitación, además de un huerto con una extensión de media fanega de tierra[135]. Junto a su extremo norte se levantaba una torre, cuyas paredes tenían un grosor de vara y media, y su altura, hasta las almenas, era de dieciséis varas y media[136]. En esta atalaya se refugiaron los cristianos viejos en la Navidad de 1568, tras la sublevación morisca[137]. Dentro de esta

---

[133]   L. B. O., fol. 76 r.

[134]   La launa o arcilla magnesiana, de color gris azulado, en contacto con el agua forma una pasta impermeable. Este material era utilizado por la mayoría de la población alpujarreña. En esta época, en la villa de Órgiva, los tejados de teja eran escasos por su alto coste. Actualmente la launa sigue utilizándose, aunque con carácter decorativo, como medio de mantener la tradición.

[135]   En muchos lugares de Andalucía, la fanega de tierra equivalía a 6.440 metros.

[136]   La vara castellana, la más utilizada, equivale a 0,8359 metros.

[137]   La torre fue rehabilitada tras la sublevación. Con posterioridad, las almenas fueron cubiertas con un tejado. En nuestros días, el edificio histórico y la casa palacio que

edificación, en su planta baja, se encontraban la escribanía y el archivo del mayorazgo[138].

Otros edificios representativos, también propiedad del noble, eran la casa mesón, situada en la conjunción de dos calles, lugar denominado las cuatro esquinas, con su correspondiente corral. En 1730, fecha en la cual la casa de Sástago tomó posesión del mayorazgo de Órgiva, la hospedería estaba alquilada por 250 reales al año, si bien su estructura se encontraba en pésimas condiciones y, por ello, fue derribada y vuelta a construir[139]. La nueva edificación, levantada con materiales de mejor calidad, se arrendó por un importe de 360 reales. El molino de aceite situado en la villa rentaba 450 reales y se hallaba igualmente muy deteriorado en su obra de fábrica; por ello, también se demolió y fue levantado de nuevo[140].

Encontrar aljibes o restos de estos depósitos de agua era frecuente, tanto en la villa como en la vega, pues en estas cisternas sus antiguos residentes de cultura musulmana almacenaban el agua para el verano, costumbre que seguía practicándose a mediados

---

se le adosó han vuelto a ser restaurados y destinados a ser la sede del Ayuntamiento de Órgiva.

[138] En el mes de abril de 1732, por orden del conde de Sástago y marqués de Aguilar, entre otros títulos nobiliarios, se creó el archivo del mayorazgo, siendo apoderado del noble don Marcos Coarasa y Lambea y don Raimundo Aznar y San Juan, gobernador y capitán de las milicias del estado de Órgiva, a quien se nombró también como responsable del mencionado archivo.

[139] El mesón y su corral anejo rentaban 230 reales al año. Tras su reedificación, su renta aumentó hasta alcanzar los 360 reales.

[140] La almazara, situada en el barrio denominado Barranco, fue también reconstruida y pasó de tener dos vigas a cuatro, si bien en principio se pusieron en funcionamiento sólo dos. El importe del arrendamiento del total de los olivos del duque, tanto de los situados en tierras propias como en ajenas, juntamente con el molino, ascendía a tres mil reales al año.

del siglo XVIII. En la sierra de Lújar era frecuente encontrar cuevas y ruinas, y al pie de ella, en un pequeño montículo, restos de una edificación de origen árabe, un castillejo[141]. Sin embargo, por tradición popular, en esa época se consideraba que había sido construido durante el periodo de la dominación romana[142]. La instalación de estructuras defensivas obedece, innegablemente, a la ocupación del territorio y la agrupación del poblamiento. Su papel administrativo fue consecuencia de la aplicación de impuestos extracoránicos, ilegales, en una situación de emergencia militar.

1.1.1. La religiosidad

El edificio más representativo de la villa era su templo, con dos torres y tres naves, de gran envergadura para la población de la época, construido de buena fábrica con siete altares, pero con capacidad para otros «siete o más». En el atrio de su templo parroquial, y en uno de sus costados, emerge una bella cruz de hierro que puso en 1600 el señor don Juan de Córdoba, hijo de don Luis Fernández de Córdoba, el de la transacción.

---

[141] La instalación de estructuras defensivas obedece, innegablemente, a la ocupación del territorio y a la agrupación del poblamiento. Su papel administrativo fue consecuencia de la aplicación de impuestos extracoránicos, ilegales, en una situación de emergencia militar.

[142] Sobre estas edificaciones, véase el estudio de CARA BARRIONUEVO, L. y RODRÍGUEZ LÓPEZ, J. M., *Castillos y poblamiento medieval en la Alpujarra. El ejemplo de Alhama de Almería,* Instituto de Estudios Almerienses, Diputación de Almería, 1992.

Figura n.º 5. Iglesia parroquial de Albacete de Órgiva

El vecindario de Albacete estaba atendido en esta época por dos beneficiados y ocho sacerdotes[143]. Uno de ellos tenía que ser necesariamente pilongo[144]. Otro miembro pilongo del colectivo sacerdotal correspondía al beneficio del antiguo lugar de Benisiete, pedanía aneja a la villa que, tras su despoblación, se integró en Albacete. De este poblado, a mediados del siglo XVIII, sólo se conservaban restos de sus antiguas edificaciones. Cuando se producía una vacante, el arzobispo de Granada proponía al rey a tres hijos naturales y bautizados en la villa para que ingresasen en el colegio eclesiástico granadino.

Tras la expulsión de la población morisca del antiguo reino nazarí, a los beneficiados «les señalaron alguna suerte congrua», suficiente para mantener con decencia su estado y para que «cuidasen de adoctrinar y enseñar los misterios de nuestra santa fee a los moros que se quedaron»[145].

Existían también varias capellanías o beneficios eclesiásticos, creados por personas que destinaban parte de sus bienes al pago de una pensión a un clérigo para que celebrase misas u otros cultos a beneficio de su alma en una determinada capilla[146].

---

[143]   Según el *Diccionario de la lengua española* de la RAE, el beneficiado es un presbítero que goza de un beneficio eclesiástico, que no es curato o prebenda. El cura es el sacerdote encargado, en virtud del oficio que tiene, del cuidado, instrucción y pasto espiritual de una feligresía.

[144]   Es decir, nacido en la villa y bautizado en la pila bautismal de su templo parroquial.

[145]   L. B. O., fol. 77 r. La congrua es la renta que debe tener la persona que recibe órdenes sagradas.

[146]   En el texto aparecen citadas las siguientes capellanías: la de don Martín de Torralva, a beneficio de un colegio; la de don Tomás Murillo, consistente en una casa situada en la plaza frente a la iglesia, y la del presbítero y licenciado don Bartolomé de Navas. También poseía una hacienda en el señorío el convento de la Santísima

La feligresía de la villa es catalogada por el redactor del manuscrito como «gente muy christiana y piadosa, pues no obstante su suma pobreza, se esmeran mucho en exercitar la virttud de la caridad en obras pias, de que les procede una suma vondad y afabilidad»[147].

Otros edificios religiosos, aunque de menor capacidad, eran las ermitas, dedicadas una a Nuestra Señora de la Aurora y la otra a san Sebastián. A este último santo, en su día como patrón de la villa, «solemnizan su fiesta, todos los años, con soldadescas, comedias o toros, a expensas de la devoción de dos mayordomos que nombra el concejo anualmente»[148].

1.1.2. La fiesta patronal de Albacete

Las sociedades humanas sienten la necesidad de mantener y reafirmar, con periodicidad reglada, sus sentimientos e ideales colectivos, que forman su unidad y personalidad[149]. La celebración periódica de una fiesta supone la existencia de un determinado grado de compenetración de vivencias colectivas y es un identificador que nos permite evaluar la conciencia de adscripción a esa colectividad[150]. Tradicionalmente, y como indica su denomi-

---

Trinidad de Granada. El conde de Sástago, como patrón de la capellanía fundada por el señor don Félix de Guzmán, tras el fallecimiento de su titular, nombró un nuevo capellán y pidió al arzobispo de Granada que se le expidiese un título de adjudicación al nuevo ministro de la iglesia. A. C. A., leg. 70, c.ª 3.ª, n.º 9.

[147] L. B. O., fol. 77 v.

[148] *Ibidem,* fol. 78 r.

[149] DURKHEIM, E., *Las formas elementales de la vida religiosa,* Akal Editor, Madrid, 1982, p. 360.

[150] HOMOBONO MARTÍNEZ, J. L., «Fiesta, tradición e identidad local», *Cuaderno de Etnografía,* n.º 55, 1990, pp. 43-58.

nación, las fiestas patronales van unidas a la religión. Con motivo de la celebración del patrón de la villa, «el glorioso señor san Sebastián», el titular del señorío de Órgiva, el conde de Sástago, abonó los gastos civiles y eclesiásticos correspondientes a 1801. En el documento donde consta el desembolso abonado en el citado año por don Pedro José Lisbona, secretario de don Vicente Fernández de Córdoba, conde de Sástago, con motivo de la celebración de la fiesta patronal de la villa de Órgiva, se especifican los siguientes apartados: fuegos, toros, estampas, iglesia, sermón, iluminación y música. La globalidad de los gastos precedentes alcanzó la cantidad de 5.388 reales y veinticuatro maravedís[151]. A continuación exponemos con minuciosidad todas las partidas.

Cuadro n.º 1
Importe de la fiesta patronal de San Sebastián en 1801

Ministros y gastos de fuegos	Maravedís
Al ministro de Granada por su noche	27.000
Por traerlo y llevarlo 4 bestias, 2 mayores y 2 menores	3.196
Por la cuerda de 30 varas	408
Al ministro de Torvizcón por su noche	27.200
Por traerlo y llevarlo 4 bestias menores por estar más cerca	748
Por ayudar a sacar los cuerpos de los 2 castillos a la plaza	204
Por 3 peones para abrir los hoyos y poner los castillos	408

---

[151] A. C.A., Diversos, Sástago, leg. 71. El documento aparece firmado por Pedro José Lisbona en Granada el 11 de febrero de 1801.

Ministros y gastos de fuegos	Maravedís
A los guardas encargados por su vigilancia	544
Por gastos de cañas y su conducción	884
Por la tomiza	170
Por la comida durante los 8 días que estuvieron trabajando	6.460
Toros	
Por 6 peones para cercar la plaza	816
Por soga para trabar los palos y toril	584
Estampas	
El coste de la lámina con 20 reales de gratificación	13.600
Por imprimir 1.600 a 20 reales el ciento, incluido el papel	10.880
Por una vara de raso	816
Por imprimir la estampa	680
Iglesia	
Por los derechos de iglesia 405,24 menos la rebaja de propinas	10.342
Por repiques de campanas	2.040
Por cera, regalo de las hermandades	00
Sermón	
Limosna del sermón	6.800
Por el traslado del padre guardián de capuchinos y su compañero	4.080
Importe de las comidas	5.100

Ministros y gastos de fuegos	Maravedís
Iluminación	
Por 600 tacillas para iluminar las dos torres y el balcón de la iglesia y almenas del palacio a 8 reales el ciento	1.632
Por colocarlas y yeso	510
Por la iluminación las dos noches	272
Por el papel de colores blanco y de estraza para las labores y mariposas	1.292
Por 4 arrobas de aceite a 24 reales	3.536
Música	
Importe del trabajo de 10 músicos durante 5 días a 17 reales cada uno	28.900
Importe de las 11 bestias para traerlos y otras 11 para llevarlos a 17 reales	12.716
Refresco	
Por 33 libras de dulce seco y bizcochos a 7 reales	7.854
Por 6 arrobas de vino a 14 reales	2.856
Por una cuartilla de aguardiente	476
Total	183.004

Fuente: A. C. A.

En otro documento adjunto, aunque escrito por distinto escribano, aparecen los importes desglosados correspondientes al pago del personal y otros aspectos estrictamente religiosos.

Cuadro n.º 2
La fiesta patronal de Albacete en 1801
Gastos religiosos

Novena	Maravedís
De la asistencia de los señores beneficiados, cura y teniente, tres presbíteros, el sacristán y tres acólitos cada noche, más un real por leerla cada noche	3.604
A la fábrica por los repiques	306
Por los repiques de novena	1.224
Total novena	4.134
Vísperas	
A los señores beneficiados	204
Once asistencias a dos reales	748
Incienso	68
A la fábrica	34
A la fábrica por las campanas	102
Por los repiques	408
Total vísperas	1.564
Misa	
Por la misa	1.020
Vestuarios	136
Incienso	68
Señor cura por poner a Su Majestad	136

Novena	Maravedís
Fábrica	136
Acólitos	204
Impuesto de repique con el real de la fábrica	170
Total misa	1.870
Procesión	
A los beneficiados	816
A la fábrica	136
A los vestuarios, ocho reales cada uno	544
Seis asistencias a diez reales y medio	2.142
Tres acólitos a cinco reales y cuartillo cada uno	518
Por los repiques	442
Incienso	68
Al organista por la novena, misa y vísperas	442
La procesión	574
Total	21.308

Fuente: A. C. A.

La cera consumida durante la novena importó 11,5 libras y la iluminación utilizada durante la misa, cinco libras y seis onzas. Ambas cantidades fueron donadas por las hermandades.

Los miembros de la Iglesia se rebajaron sus emolumentos en las siguientes cantidades: el cura 1.173 maravedís y el resto, formado por su teniente, don Diego Díaz, y los siguientes miembros, don Antonio Tello y don Juan de Escañuela, en 714 maravedís cada uno. Del total de 13.642 se descontaron las cuatro partidas precedentes, que ascendían a 3.315 maravedís. Por lo tanto, el cómputo de gastos eclesiásticos a pagar por el señor del estado de Órgiva importó 10.327 maravedís.

1.1.3. Agricultura y ganadería

La riqueza mineralógica existente en sus tierras de labranza, la abundancia de aguas y su excelente clima propiciaban cultivos variados. De su arboricultura destaca el olivar, que poblaba y puebla intensamente las vegas de Albacete, Benizalte y Sortes. El número de ejemplares se cifraba en más de doce mil árboles, sin contar los más de siete mil que habían sido plantados a partir de 1731, ya que estos todavía no producían. Debido a la enorme corpulencia de muchos de los ejemplares, pues se trataba de plantas centenarias, producían gran cantidad de aceitunas: «Algunos llevan de diez y seis a diez y ocho fanegas de azeytuna, con tan gruesos pies que haviéndose medido uno, se dio testimonio por el escribano de esta villa de tener doze baras de cuerpo»[152]. La producción de aceite alcanzaba las doce mil arrobas el año de mayor recogida, pues generalmente este árbol tiene una productividad bienal, es decir, produce una gran cosecha un año y al siguiente la cantidad de aceituna que echa es escasa o nula. El escribano se lamenta de que tanta riqueza no redundaba en beneficio de la población

---

[152] L. B. O., fol. 78 v. Aunque su medida variaba dependiendo de la provincia española, en la mayoría de ellas el valor de la vara superaba los 0,80 metros.

albaceteña, pues «es la vega tan abundante de frutos, que sólo el del azeyte pudiera enrriquescer, a no tener la desgracia de estar más de una tercia parte de ella enajenada en forasteros»[153].

Dentro de la arboricultura, los morales, también pervivencia de la época musulmana, eran muy abundantes en la vega orgiveña y proporcionaban las mayores riquezas a sus labriegos. La cosecha de seda era uno de los principales ingresos para los vecinos de estos parajes. Algunos años su producción alcanzaba las dos mil libras; sin embargo, con frecuencia solía:

> *(…) desgraciarse, a la tercera y quarta dormida, y se hallan no solamente con este menoscabo, sino con la frustrada esperanza de salir de sus aogos de deudas que contrahen en el año, porque es la ypoteca o fianza en que las aseguran*[154].

Como acabamos de decir, la fertilidad de sus tierras, unida a la abundancia de agua procedente del deshielo de la nieve caída en Sierra Nevada y la infiltración de parte de ella, creando corrientes subterráneas que afloran a la superficie por numerosas fuentes surgidas por doquier, en aquella época permitía la consecución de dos cosechas por año[155]. Tras la recogida de los cereales de

---

[153]   El sistema de recogida de la aceituna en la zona ha sido y es, en gran parte, mediante el vareo, procedimiento que consiste en golpear o agitar las ramas con una vara para que caiga el fruto al suelo, pero a la vez que se derriba la aceituna se destruyen los brotes tiernos, lo cual impedirá gran parte de la floración del siguiente año.

[154]   L. B. O., fol. 79 v.

[155]   A. H. A. O. La limpieza y reparación de las acequias que regaban los campos exigían un reparto de los gastos de mantenimiento. Por ello, los concejos del mayorazgo realizaban cada año una distribución de los importes entre los regantes. El efectuado en la villa de Albacete el 18 de diciembre de 1737, presidido por los alcaldes, alcanzó la cantidad de 836 reales, que fueron distribuidos proporcionalmente a la extensión

invierno, trigo, cebada o lino, a comienzos del verano se sembraba el maíz o panizo, con cuya harina se elaboraba el pan que generalmente se consumía entre los meses de septiembre y junio, ya que la producción de trigo con frecuencia se malograba por las nieblas que se producían generalmente en el momento de granar este cereal, lo cual daba lugar a una disminución de la cosecha[156].

El vino era un producto muy consumido por los labriegos de la época. En Albacete se producían unas tres mil arrobas; sin embargo, no era muy adquirido por los braceros orgiveños, debido a sus escasos recursos económicos. La indigencia de los jornaleros orgiveños era tal que:

> (…) *en ésta es común acudan a su trabajo y sudor con sólo, pan, yerbas y agua, porque su pobreza no da otros ensanches, es verdad que en el verano todos los jornaleros comen carne, porque ay costumbre que el que los emplea en su labor les da de comer y medio jornal, pero el consumo de ella es regularmente poca, como se puede inferir de que en una villa de trescientos vezinos, es lo más del tiempo de dos machos o tres al día, que es la carne que en todos estos parages se mata*[157].

El ganado utilizado con preferencia para realizar las labores del campo era el vacuno, debido a la fragosidad de la tierra. El mular sólo se usaba en los terrenos llanos de la vega. La ganade-

---

regable de cada propietario. El total de hacendados ascendía a 151, destacando por la cantidad abonada doña Alfonsa de Aguilar, que aportó setenta reales.

[156] Las medidas agrarias que aparecen citadas en el documento son la fanega, el cuartillo y el celemín. Para una mejor comprensión, hemos optado por reducir a celemines las que vienen expresadas en otras cuantías.

[157] L. B. O., fol. 80 r.

ría caprina era escasa entre los lugareños; no obstante, de otros lugares de fuera del señorío acudían a pastar en la sierra de Lújar, especialmente en verano, piaras de cabrío cuyo número, en ocasiones, superaba las doce mil cabezas.

1.2. BARJA

El emplazamiento de este poblado, del que actualmente sólo podemos encontrar algún resto de sus habitáculos, estaba situado entre los términos de Cáñar y Soportújar, con los que confinaba, y su extremo norte limitaba con Sierra Nevada. Este lugar es descrito por el escribano del manuscrito *Libro Becerro de Órgiva* con las siguientes palabras:

> *Situado en un alto o isla que hazen dos ríos que lo circundan, que el uno es el referido Seco, que lo tiene a la partte de levantte, y el otro es un riachuelo con cuya agua riegan una corta vega de este lugar (…) goza de un temperamento húmedo por su situación y de aguas muy crudas, y, por consiguiente, es muy melancólico, porque no logra la vista distancia en que divertirse, sino en los dos cerros o montes que lo cercan*[158].

Su población, en 1730, era de veintiocho o treinta vecinos. Su iglesia era de pequeñas dimensiones y más bien parecía una ermita, aunque de tamaño suficiente para sus feligreses, que eran atendidos por el beneficiado de Cáñar. Como patrona tenían a «nuestra señora de la pura y limpia Concepción, y en su día le

---

[158] *Ibidem,* fol. 207 v.

hazen fiesta con los regozijos que alcanza su pobreza»[159]. En su vega, de pequeñas dimensiones, se cultivaban básicamente, entre los árboles frutales, los cerezos y los guindos, además de los morales para la crianza de la seda. El olivo, muy abundante en la vega orgiveña, no formaba parte de su paisaje agrario, debido a que la altitud de sus tierras hace que el clima reinante no sea propio para este árbol. La producción de cereales era medianamente copiosa y algunos de sus vecinos tenían pequeñas partidas de ganado lanar y cabrío, así como el vacuno para las labores del campo[160]. El mayorazgo no poseía tierras ni arbolado. Por lo tanto, no recibía ninguna renta, sólo los derechos del horno[161].

---

[159] *Ibidem,* fol. 220 r.

[160] *Ibidem,* fol. 208 r-v. Al describir este lugar, el escribano hace una mención al levantamiento morisco de 1568. Dado el lenguaje triunfante que utiliza, transcribo literalmente el texto: «En el año de mil quinientos sessenta y ocho, el mismo en que fue la revolución de los moriscos de esta Alpujarra, vivía en este lugar uno muy poderoso (que se encargó de el levantamiento de los lugares de este estado), previno a Juan Franco, gobernador por el duque de Sessa de este estado y de quien afectaba ser amigo no subiesse a sosegar estos movimientos, que se havían ya empezado a reconocer por el governador, porque le costaría la vida. Llevado el governador de su obligación, que de la compañía del aviso, parece que despreciándolo, aunque de enemigo, juntó gente armada que le siguiese de aquellos christianos biejos que assi se puede discurrir, y subiendo sobre la firme silla de su zelo, le remontó tanto éste, que pretendiendo desahogar su espada en las menguantes lunas, pudo sugetarlo la desgracia de la punta de un benablo que le atravesó el corazón, y rendirse a la común de la naturaleza, gozoso de tal triunfo».

[161] Don Juan Álvarez, vecino del lugar, pagaba cuatro ducados de censo por un molino dedicado a la molturación de cereales, que estaba situado en el término de Cáñar.

1.3. BAYACAS

Esta población está situada «a la falda de un montte o repecho que se descuelga de la vega de Cáñar»[162]. Por levante la baña el río Chico, por el mediodía su término se extiende hasta los de Sortes y Órgiva, y por el poniente llega al río Seco. En su vega se cultivaban cereales, olivos, morales y variedad de frutales. La población estaba repartida en dos barrios, separados entre sí por el río Chico. Al situado al levante le llamaban Vayaquillas. Su vecindario, en conjunto, era de veintiocho o treinta vecinos[163].

En el término de este lugar existían tres molinos, todos ellos situados en las riberas de río Chico, que utilizaban el agua como fuerza motriz, dos dedicados a la molturación de cereales y un tercero, de una viga, a la extracción del aceite de la aceituna de sus olivos. Esta almazara pertenecía a la capellanía de don Bartolomé de Navas, vecino de Órgiva, que pagaba veintidós reales de vellón de censo anual al mayorazgo.

La iglesia era amplia y de construcción firme. El patrón de la localidad era el mismo que el de Órgiva, san Sabastián, y el presbítero asistía a los vecinos de esta localidad y a los residentes en Carataunas, pues la distancia entre ambos lugares se recorre en pocos minutos.

---

[162] L. B. O., fol. 177 r.

[163] *Ibidem,* fol. 177 v. Aunque sin mucha precisión en cuanto a datos y fecha, el escribano Francisco de Zéspedes Bueno hace constar que su población había sido mayor en el siglo del seiscientos, pero «en de noveinta se arruinó una parte, con el motivo de haverse desgajado una montaña que predominaba al dicho varrio de Bayaquillas, y haogó entre sus vezinos a muchos vezinos, que sin la prevención de esta desgracia estavan en el natural descuido del sueño».

1.4. Benizalte y Pago

De estos dos lugares, en 1730 sólo perduraba Benizalte, pues Pago, enclavado al final de dicha vega, ya estaba totalmente despoblado y sólo quedaban de sus edificaciones algunas ruinas[164]. Benizalte, situado al poniente de la meseta albaceteña, estaba delimitado del resto de la vega por el cauce del río Chico por levante y el camino de Granada por el norte, que lo separaba de Sortes. Por el mediodía, su término subía por el río Grande hasta la mojonera de Vallecillo. Su población era de doce vecinos y su actividad fundamental era la alfarería, que se practicaba en todas las casas, especialmente la producción de tinajas, que gozaban de gran prestigio en los contornos «por la fortaleza de su material»[165].

Prácticamente la totalidad de sus fértiles tierras eran cultivadas por vecinos de la villa Albacete, y sus acequias tomaban el agua para el riego de sus campos de los ríos Chico y Seco. Su amplia vega estaba poblada en gran parte de olivos y morales, si bien existía también una gran variedad de árboles frutales, abundando las higueras y los granados[166].

En este lugar existió un molino de aceite del mayorazgo, que estuvo arrendado en 330 reales, si bien en estas fechas se encontraba abandonado, tras la reconstrucción por el titular del mayorazgo del situado en la villa de Órgiva. Su solar, junto

---

[164] El topónimo de Benizalte ha evolucionado a lo largo de la historia: Veneiazet, Venisate, Benizalte.

[165] L. B. O., fol. 153 r y 154 v.

[166] El moral era testimonial, pues en la descripción sólo se citan once plantones de este árbol.

con otros bancales, fue arrendado para terreno de cultivo[167]. La iglesia, más bien ermita por sus dimensiones, tenía una pequeña torre y en época musulmana fue mezquita. En esta edificación, dedicada a santa Ana, los beneficiados de Órgiva habían prestado la asistencia religiosa a los vecinos, ya que a mediados del siglo XVIII Benizalte carecía de población asentada.

Existía un solar de tienda y horno, propio del mayorazgo, ambos perdidos, que fueron arrendados para la construcción de casas por el pago de dos gallinas. En este lugar poseía una pequeña hacienda el convento de la Santísima Trinidad de Granada y otra la capellanía de don Silvestre de Zéspedes.

1.5. Cáñar

Cáñar se halla situada entre los términos de Barja al levante, Lanjarón al poniente, al norte Sierra Nevada y al sur Bayacas y Sortes. El escribano, al describir Cáñar, muestra una gran querencia hacia esta localidad, pues la define como «el lugar más saludable de todo el estado» por sus cristalinas aguas, su magnífica temperatura y sus saludables aires. Asimismo, ensalza su privilegiada situación, pues dice que «es muy divertido porque además de estarse viendo todo el estado, se estiende la vista hasta el mar, de suertte que se alcanza a distinguir embarcaciones»[168].

En cuanto a su vega, la describe como muy poblada de morales, guindos, cerezos, castaños y productora de excelentes cosechas de trigo, cebada, maíz, centeno, seda y vino, junto con

---

[167] Esta medida se tomó tras la reconstrucción del que tenía el conde de Sástago en Albacete.

[168] L. B. O., fol. 215 v.

las leguminosas habichuelas y garbanzos. De este último producto dice que son más apreciados que los de Fuentesaúco, en Castilla. La zona norte del término es boscosa y está poblada de encinas y robles. Era uno de los lugares más poblados del mayorazgo, pues a mediados del siglo XVIII tenía 130 vecinos. El edificio religioso era de una sola nave, aunque suficiente para albergar a sus feligreses. Al cuidado de sus almas había un cura y un beneficiado. Este último, a su vez, ejercía como vicario del partido.

1.6. Carataunas

El poblado de Carataunas está situado en las faldas de Sierra Nevada, al levante de Bayacas y muy cerca de este lugar. Linda su término con el de Soportújar por el norte, por el levante con el barranco de Poqueira y por poniente limita con el río Chico. Su población en 1730 era de sesenta vecinos, que habitaban en construcciones frágiles. La única excepción la constituía su iglesia, que era de firme fábrica. Este lugar compartía beneficiado y cura con el cercano lugar de Bayacas, y su fiesta patronal estaba dedicada a san Marcos. El arbolado de su vega lo formaban, fundamentalmente, morales, por lo que la producción de seda era abundante y considerada de mejor calidad que la de Órgiva. También existían muchas higueras y algunos olivos, y en sus tierras se cultivaban bien el trigo, el maíz y el centeno.

1.7. Soportújar

Situada al oriente de la taha de Órgiva, limita por levante y norte con la taha de Poqueira, y el septentrión de su término busca las cumbres de Sierra Nevada. Al sur se encuentra con las tierras de Carataunas y al oeste con Cáñar. Sus viviendas, situadas a una altitud cercana a los mil metros, gozan de un clima muy agradable, aires puros y abundates aguas. Su población hacia mediados del siglo XVIII era de ochenta vecinos. Las viviendas, construidas en laderas y con los materiales propios del terreno, al igual que el resto de los lugares del estado, vistas desde la lejanía simulan manchas blancas que les confieren unas características únicas, con una visión muy agradable y que sólo rompen el paisaje por su color níveo. El único edificio de firme construcción existente en el poblado era la iglesia, de una nave, y su patrono era san Antonio Abad. El cuidado de las almas estaba a cargo de un cura y un beneficiado, siendo este último necesariamente pilongo[169].

El clima era el propio de su situación geográfica: muy agradable, aires puros, fresco, soleado y con abundante agua, consecuencia del deshielo de la nieve almacenada en las cumbres de Sierra Nevada. Estas circunstancias hídricas, junto con su climatología, propiciaban el cultivo de árboles frutales como el castaño, el cerezo, los guindos, las higueras y en especial los morales, con cuyas hojas se alimentaba el gusano productor de seda de gran calidad. En sus tierras se cultivaban el trigo, el maíz, el centeno y en abundancia las leguminosas garbanzos y habichuelas. La producción de vino era escasa, pero de buena calidad. Sus tierras altas estaban pobladas de encinas y robles, con cuyas bellotas se alimentaba el ganado de cerda de sus vecinos. La fauna

---

[169] El escribano hace constar el martirio del beneficiado Ojeda, ocurrido durante el proceso de la rebelión morisca de 1568.

no era muy abundante, aunque en verano podían verse ciervos y venados, que bajaban de las zonas altas de la sierra a alimentarse en los sembrados. Gran parte de su monte estaba cultivado, si bien estaban «sus tierras enagenadas y vendidas a los vezinos del varranco de Poqueyra a los que tienen enriquezidos» por los excelentes frutos que producen[170].

1.8. SORTES

El lugar de Sortes, denominado en esta época Sortis, estuvo poco poblado durante el periodo morisco, como lo demuestra el hecho de que no llegó a edificarse una iglesia, ni siquiera una ermita, aunque existe constancia de que en época musulmana tuvo una mezquita. Su despoblación comenzó tras la repoblación, debido a su cercanía a la villa de Albacete, y en 1731 quedó totalmente sin vecindad.

Su término limitaba con los correspondientes a Cáñar, Bayacas, Órgiva y Benizalte, a la derecha del camino que iba a Granada, hasta confluir con el de Lanjarón. Hacia 1730, sólo se apreciaban las ruinas de tres o cuatro casas y cerca de ellas un pozo, de cuya agua se proveían sus antiguos pobladores por ser de buena calidad.

---

[170]   L. B. O., fol. 99 r.

2. *La taha de Pitres*

2.1. BUSQUÍSTAR

El lugar de Busquístar, perteneciente a la taha de Pitres, Ferreira o Ferreirola, está situado a más de tres leguas de la villa de Albacete, capitalidad del señorío[171]. Su término linda por levante con Cádiar y Juviles, al norte con Trevélez y por el mediodía con Pórtugos y Ferreirola. La vecindad estaba constituida por setenta y cinco vecinos.

Su vega, en expresión del escribano, «es un risco, pero tan cultivada que no hay un paso de tierra ocioso. Está poblada de muchos morales y castaños»[172]. En ella se sembraban el trigo, la cebada, el centeno y las habichuelas, si bien proliferaban los morales. Por el extremo este del territorio discurre el río Trevélez, en cuyas limpias y frescas aguas se criaba la trucha. En los confines orientales, y a poca profundidad, abundaba el mineral de hierro, cuya mena era fundida en la herrería de Torvizcón, aunque su calidad no era muy buena, ya que poseía mucha ganga[173].

Una parte de su territorio era monte, poblado en gran parte de encinas. Las filtraciones de agua, procedente del deshielo de

---

[171] La legua es una antigua unidad de longitud que abarca distancias comprendidas entre cuatro y seis kilómetros, dependiendo del lugar y de la accidentalidad del terreno, entre otros factores. Correspondía al espacio que un caminante andaba en una hora. En el antiguo sistema español equivalía a 5.572,7 metros.

[172] L. B. O., fol. 239 v.

[173] Esta explotación minera estuvo en activo hasta el último tercio del siglo XX. Su extracción se realizaba en cantera y se transportaba mediante un teleférico en vagonetas hasta el término de Órgiva, desde donde era llevado en camiones hasta el puerto de Motril.

la nieve que con abundancia cubre, durante parte del otoño y el invierno, grandes extensiones de Sierra Nevada, originan corrientes subterráneas que afloran a la superficie en las laderas de su término, dando lugar a la aparición de numerosas fuentes. Estas corrientes de agua transcurren por zonas en cuya composición abundan minerales como el cobre o el hierro, y al brotar van cargadas de partículas de estos materiales, siendo conocidas por sus naturales como «el agua grilla» y consideradas como medicinales «para obstruidos, melancólicos y opilaciones»[174].

El templo de este lugar, como en el resto de la taha, es de una nave y de buena construcción. El culto de sus ciudadanos estaba servido por un cura y un beneficiado, que compartían sus servicios espirituales con los del cercano lugar de Pórtugos.

Debido a que el término de Busquístar no limita con el resto de los lugares de la taha, los gobernadores del señorío de Órgiva gozaban del privilegio, por derecho de costumbre, de pasar con vara alta cuando se desplazaban a este territorio por las jurisdicciones del barranco de Poqueira, la taha de Pitres, Ferreirola o la de Torvizcón.

3. Otras posesiones del mayorazgo

Alejados del señorío, en la amplia vega granadina, existían ocho cortijos pertenecientes al mayorazgo. Seis de ellos, los denominados Daimuz, Daragoleja, Trasmulas, Chozuelas, Peñaflor y Coscojar, pertenecían al término de Pinos, el de Tocón a Íllora y el de la Duquesa al Temple. Todos limitan o son atravesados

---

[174] L. B. O., fol. 240 v.

por el río Genil, menos el de Tocón. El de Coscojar linda con el camino de Alcalá, entre otros colindantes. Con la excepción de este último, forman un todo, pues se pueden recorrer sin pisar tierra ajena. Las escrituras de todos ellos estaban depositadas en el archivo del monasterio de San Gerónimo de Granada, además de las correspondientes a los cortijos de Audón, Galafe, Juzella y Torre de Gucar. En este lugar también se encontraban depositados los documentos relativos al pleito seguido entre el rey y el Gran Capitán sobre el amojonamiento y deslinde de los cortijos del duque de Sesa en el Real Soto de Roma. Las relaciones entre la institución eclesiástica y Gonzalo Fernández de Córdoba fueron muy estrechas, hecho que justifica la donación que le hizo el Gran Capitán del cortijo de Ansola[175].

Los citados cortijos disfrutaban de condiciones semejantes en los arrendamientos, tales como la obligatoriedad de poner en producción cada año la tercera parte de su terreno cultivable y la obligación de deducir los diezmos de los frutos antes de realizar el reparto de la cosecha. En general eran tierras de secano, dedicadas fundamentalmente al cultivo de cereales, trigo y cebada.

En cuanto a las cantidades que los labradores tenían que entregar por el inquilinato, se elevaban a la cuarta parte de los citados cereales, excepto en los cortijos de Daimuz y Trasmulas, donde el arriendo era más favorable para los agricultores, pues se deducía sólo un quinto del total. Para el resto de las cosechas, en todos los arriendos la cuota era de un sexto.

Las propiedades de Daimuz y la Duquesa poseían un pequeño monte poblado de encinas, por cuyo aprovechamiento de

---

[175] El Gran Capitán hizo donación a la citada orden del cortijo de Ansola.

la bellota abonaban una renta de cien reales. El alquilador de la Daragoleja debía entregar cuatro capones al año y portear cien fanegas de trigo a Granada. Los labradores de Tocón estaban obligados a pagar por el arrendamiento dos aves por cada suerte. Este cortijo poseía más de cuarenta casas, donde vivían los jornaleros o peujareros, que abonaban por su alquiler dos gallinas al año[176].

En la descripción de los cortijos no se especifica su extensión, excepto en el de Trasmulas, cuya superficie abarcaba unas 1.500 fanegas, poco más o menos, y estaba dividido en veinte suertes de setenta y cinco fanegas cada una, todas ellas de secano. Sin embargo, el hecho de carecer de viviendas y cuadras para el ganado hacía que parte de sus tierras no estuvieran cultivadas, pues sólo cinco labradores cultivaban diecisiete de los veinte lotes. Las condiciones de arrendamiento eran las generales, más una gallina. El de Tocón poseía de riego la tercera parte de su superficie y estaba dividido en treinta y cuatro suertes. Al tener una parte de ellas de regadío, se cultivaban, además de cereales, maíz, habas, garbanzos y judías.

Para la cobranza de los alquileres, «al tiempo de las eras», el administrador general del titular del mayorazgo, residente en Granada, enviaba a personas de su confianza, una por cortijo, excepto para aquellos que por su cercanía podían ser atendidos por un solo encargado. Estos enviados, apodados «fieles quarteros», disponían de un cuaderno para cada arrendamiento, con el fin de anotar el proceso de recogida de los frutos. El grano obtenido tras la parva no podía ser sacado de las eras hasta tanto se habían

---

[176] Peujarero era la denominación que recibía el labrador que disponía de poca siembra.

detraído el diezmo y la parte correspondiente al señor. El salario que percibía cada fiel era de cuatro reales de vellón por día de trabajo, siendo obligación de los labradores alimentarlos mientras duraba la parva.

Generalmente, el grano perteneciente al noble se almacenaba en unas trojes o «alhoríes» de gran capacidad que existían en los cortijos de Tocón y Trasmulas. A veces, si las condiciones de venta eran favorables, se vendía en los mismos depósitos, aunque lo habitual era enviarlo a Granada. El arrendador de Daragoleja, además de lo asignado, tenía la obligación de portear cien fanegas de grano a Granada, además del pago de cuatro capones.

IV

La contribución del mayorazgo a la defensa de la Corona

1. La milicia

La historia política y la historia militar han permanecido unidas desde sus comienzos. La colaboración entre ambas ha sido fundamental en la construcción del Estado moderno, en su estructura institucional, administrativa, en la disciplina social de la población y en los valores culturales del soldado[177].

Con la toma de Granada, último reducto musulmán en la península ibérica, no disminuyeron las necesidades de carácter militar, muy al contrario, ya que la monarquía hispana se vio en la necesidad de participar en varios frentes guerreros europeos, lo que conllevó el aumento de la carga fiscal de sus súbditos hasta extremos inverosímiles.

La repoblación del territorio granadino contó desde un principio con un componente militar forzoso, asumido por la población civil, que aceptó la obligación de autodefensa. Estos pobladores formaron las denominadas milicias locales en las zonas

---

[177] PRIETO GUTIÉRREZ, M., «La milicia granadina en el siglo XVII: entre la obligación y el servicio», *Revista del Centro de Estudios Históricos de Granada y su Reino*, n.º 25, 2013, pp. 201-216.

costeras, en conjunción con las correspondientes del interior, situadas a doce leguas tierra adentro, que daban cobertura a las guarniciones militares formadas por profesionales situadas en los castillos y fortalezas. El clima político imperante a finales el siglo XVI en el interior peninsular obligó a la monarquía hispana, para su control, a la creación de cuerpos de ejército destinados a sofocar las rebeliones de Portugal y Cataluña.

Figura n.º 6. Torre defensiva en Albacete de Órgiva (s. XVI)

2. La farda

Tras la conquista del reino de Granada, comenzó una permanente y voluntaria huida de su población autóctona hacia los territorios norteafricanos, con cuyas poblaciones mantenía fuertes lazos culturales, pero sobre todo de carácter religioso. Las nuevas directrices de naturaleza político-religiosa, impuestas al unísono por el poder vencedor, dieron lugar a constantes problemas con la población dominada, que confluyeron en sucesivas rebeliones de la sociedad mudéjar, aunque de carácter minoritario, y culminaron en la generalizada de 1500. Tal acontecimiento fue considerado por la Corona como la ruptura de todas las capitulaciones acordadas, y conllevó que los nuevos súbditos de la monarquía se enfrentasen a la disyuntiva de abjurar del islamismo y su conversión al cristianismo o su expatriación. Ante imposiciones tan draconianas, gran parte de la población vencida optó por permanecer en su lugar de nacimiento, aceptando la mutación religiosa, decisión sugerida y amparada por el islam, con carácter de simulación o fingimiento, ante circunstancias muy adversas para la vida de sus fieles, la denominada *taqiyya*[178]. Esta particularidad formó parte de la idiosincrasia en general de este pueblo, que a partir de este hecho pasará a denominarse morisco.

Las contantes huidas de neoconversos, en ocasiones masivas, en busca de la libertad que, salvo en la práctica religiosa, por lo general no encontraron en la otra ribera del Mediterráneo avivó

---

[178] Es el acto de disimular las creencias religiosas propias cuando la persona teme por su vida, por las vidas de sus familiares o por la preservación de la fe islámica.

el deseo de un posible resarcimiento, unido a la vindicta, e incluso al deseo de reconquista por parte de los huidos. Ello acarreó un incremento constante de la tradicional piratería, pasando a convertirse en berberisco-morisca, unida a la ya clásica practicada por los turcos en las costas del sureste peninsular.

Ante tan peligrosa coyuntura, la Corona consideró la necesidad de establecer, con carácter de urgencia, un sistema defensivo en el litoral granadino, acompañado del consiguiente impuesto que garantizase su funcionamiento[179].

La nueva contribución afectaba a los practicantes de las religiones musulmana y judaica, y posteriormente a los neoconversos de moros, los moriscos. Su objetivo era financiar el sistema defensivo, constituido por torres de vigilancia y otras instalaciones protectoras repartidas a lo largo de toda la costa del reino granadino, entre Tarifa y Lorca. A lo largo de sus tierras costeras estaban instalados una serie de vigilantes a pie y a caballo, con el fin de avisar a las guarniciones militares ante la presencia de incursiones piráticas.

Con este impuesto se pagaba al personal de vigilancia, el aparato burocrático encargado de su recaudación y administración, así

---

[179] Entre los primeros trabajos sobre la farda del mar hay que destacar los realizados por los siguientes autores: LÓPEZ DE COCA CASTAÑER, J. E., quien profundizó en el tema a través de su aportación «Financiación mudéjar del sistema de la vigilancia costera en el Reino de Granada (1492-1501)», *Historia. Instituciones. Documentos,* n.º 3, 1976, pp. 397-416; VINCENT, B., «Las rentas particulares del Reino de Granada en el siglo XVI: fardas, habices, hagüela», *Andalucía en la Edad Moderna: Economía y Sociedad,* Diputación Provincial de Granada, 1985, pp. 81-122 GAMIR SANDOVAL, A., *Organización de la defensa de la costa del Reino de Granada desde la Reconquista hasta finales del siglo XVI,* Universidad de Granada, 1988; y CAMPOS DAROCA, M. L., «Las rentas particulares del Reino de Granada tras la expulsión de los moriscos en 1570. La farda y la renta de población», *Chronica Nova,* 16, 1988, pp. 55-66.

como la construcción y el mantenimiento de las infraestructuras establecidas. Los castillos, torres y atalayas de la frontera terrestre del sur peninsular tenían asignados bienes raíces, y su renta se aplicaba al mantenimiento de la gente de guerra, así como a la conservación de las fortificaciones. Otras aportaciones que contribuían al pago de los gastos del sistema defensivo eran los diezmos de lugares previamente señalados, junto con el importe de la venta de los bienes de los moriscos huidos a Berbería. Con frecuencia, dadas las severas normas dictadas por las autoridades, sobre todo las de carácter religioso, aplicadas por el clero secular frecuentemente con la máxima rigidez, fueron numerosas las familias que huyeron al cercano norte de África, ante cualquier circunstancia propicia que se les presentase, en busca de la libertad que ellos consideraban perdida.

El 24 de agosto de 1565, como expusimos anteriormente, una flota turca-morisca constituida por unos trescientos piratas, dirigidos por antiguos naturales de la taha de Órgiva huidos a las tierras del norte de África, asoló la villa y sus lugares cercanos[180]. El importe de la venta de los bienes abandonados, muy numerosos, era destinado, por disposición regia, para el reparo de las fortalezas y torres de la costa; sin embargo, excepcionalmente, a petición del duque, la Corona donó al señor de Órgiva, por cédula fechada en Madrid el 4 de diciembre de 1565, el cincuenta por ciento de lo incautado[181]. Posteriormente, ante la petición

---

[180]   En una declaración realizada por Gerónimo de Silva, hijo de Diego de Silva, escribano y el mayor hacendado de la villa de Órgiva, el 20 de febrero de 1588, solicita de Su Majestad una indemnización por los bienes que le robaron durante la incursión de 1565, más de cuatro mil ducados, y eleva el número de piratas que arribaron a Órgiva a cuatrocientos hombres. A. G. S., C. C., leg. 2193, s. f.

[181]   A. H. A., L-257-3, s. f.

al rey realizada por los vecinos cristianos viejos residentes en el señorío de Órgiva para que se dedicase lo recaudado por la venta de los citados bienes abandonados al rescate de los moradores cristianos viejos que habían sido llevados cautivos, el monarca revocó la cédula citada con fecha 20 de diciembre de 1567 y accedió a lo solicitado[182].

La emigración de moriscos desde la taha de Órgiva fue una constante antes y después de la citada huida masiva. Por ello, a la cada vez más reducida población neoconversa residente en el señorío le resultaba muy difícil reunir la cantidad estipulada para el pago de la farda, ya que los cristianos viejos asentados en la villa estaban libres de abonar este impuesto, pues sólo recayó, en principio, en los mudéjares, y posteriormente en sus descendientes, los neoconversos. Ante estas circunstancias, el concejo de la taha de Órgiva acordó:

(...) pedir y suplicar a su Magestad e a los dichos señores de su Consejo, manden que de las haciendas de christianos nuebos moriscos, vezinos de la dicha taha de órgiba que se pasaron a Berbería el año pasado de quinyentos e sesenta e cinco años, con los moros que vinyeron a la dicha villa, e de los que se pasaron otros años antes e se an pasado hasta agora, se pague la farda de su Magestad que los dichos christianos nuevos debían e heran obligados a pagar, por el repartimiento de la dicha farda de su Magestad de la taha de Órgiba, el dicho año de sesenta y çinco años e otros años antes e después, e otrosí para que pida, en el dicho nuestro nombre, que la farda de las haziendas que de los dichos moriscos pasados

---

a Berbería se an vendido a christianos viejos, se eche e reparta en todo este reyno de Granada[183].

La denominada farda del mar, también llamada farda menor o servicio para la paga de los guardas de la costa de la mar, era una prestación administrativa que afectaba a todas las localidades del reino Granada, independientemente de su titularidad, realengo o señorío. El tributo no dependía de la Real Hacienda, pues estaba bajo la autoridad del capitán general del reino de Granada[184].

Como dijimos anteriormente, este impuesto estaba destinado a la financiación del sistema de torres de vigilancia y a las estancias defensivas situadas a lo largo de la costa del antiguo reino nazarí, que abarcaba el litoral comprendido entre Tarifa y Lorca. En los puntos más estratégicos del litoral se situaban vigilantes (guardas, escuchas, atalayas, atajadores a caballo y requeridores), cuya misión era dar la alarma ante las incursiones de corsarios norteafricanos. A lo largo del siglo XVI llegaron a establecerse más de cuarenta torres y atalayas.

3. Las milicias del estado de Órgiva

Las milicias u organizaciones armadas formadas por paisanos para prestar servicios como fuerzas de reserva ante las constantes incursiones piráticas en la costa del reino granadino eran tropas

---

[183] A. G. S. Expediente de Hacienda, 705-21, s. f.

[184] Sobre este tributo, véase el estudio de CASTILLO FERNÁNDEZ, J., «Administración y recaudación de los impuestos para la defensa del Reino de Granada: la farda de la mar y el servicio ordinario (1501-1615)», *Áreas. Revista Internacional de Ciencias Sociales,* n.° 14, 1992, pp. 65-90.

de carácter local, no militar, de índole auxiliar y no atacante, integradas por miembros residentes en los territorios cercanos a la costa, que actuaban siempre a la defensiva. En la Edad Media, el servicio militar era obligatorio para todos los vasallos de cualquier condición, campesinos o vecinos de las ciudades[185]. Los señores del estado de Órgiva tenían la facultad para nombrar oficiales de una o más compañías con la obligación de contribuir a la defensa de la costa de Motril. De la agrupación orgiveña era capitán el gobernador del estado, en virtud del nombramiento del señor y su aprobación real, con la obligación de acudir cuando era solicitada su presencia por el capitán general del reino ante los ataques piráticos que con frecuencia asolaban las costas mediterráneas del antiguo reino nazarí durante el Antiguo Régimen.

La obligatoriedad de este servicio no era del agrado de algunos de los pobladores residentes en la antigua taha de Órgiva; por ello, se dirigieron a la Junta de Población solicitando su exclusión del ejercicio militar. La proposición, vista por el Consejo de Guerra, fue rechazada por el rey «por ser contra mi servicio»[186].

El monarca dejó constancia de su disconformidad en la Real Cédula emitida el 24 de julio de 1635, dirigida al:

> *(…) governador y oydores de mi Audiencia y Chancillería que reside en la ciudad de Granada, y alcaldes del crimen de ella, por zédula de la datta de esta, he mandado al marqués de Valenzuela haga poner en la orden que conviene la gente de su estado, para que*

---

[185] CONTRERAS GAY, J., «Las milicias en el Antiguo Régimen. Modelos, características generales y significado histórico», *Chronica Nova,* n.° 20, 1992, pp. 75-104.
[186] L. B. O., fol. 55.

acuda como tiene obligación a los lugares marítimos que les están señalados[187].

En otra cédula, emitida setenta años después, la Corona reitera la obligatoriedad de la disposición regia sobre el mantenimiento de las milicias:

(…) estando resuelto por las órdenes del restablecimiento de milicias y las practicadas antecedentemente desde su primera formación, que en los pueblos de señorío fomenten, los dueños de ellos, el acopiamiento de milicias y formazión de compañías de ellas en el número correspondiente y deven tener conforme al diezmo de sus vecindarios[188].

En cuanto a las proposiciones que debían hacer los ayuntamientos para el nombramiento de capitanes, debían ser con general independencia de los corregidores, jueces, justicias y de los capitanes generales en cuyas jurisdicciones estuvieren. Ante la queja presentada por el marqués de Valenzuela, señor del estado de Órgiva, de la intención de algunas autoridades de dejar sin efecto la facultad de proponer a las personas más apropiadas para el desempeño de la milicia orgiveña, el monarca le confirma y corrobora en dicha facultad, añadiendo que el despacho fuera anotado «en los oficios del sueldo de dicha costa» y que se entregase el original al citado marqués de Valenzuela[189]. Por una Real Cédula emitida en Aranjuez el 31 de mayo de 1715, y transcrita

---

[187] *Ibidem,* fol. 55 r.

[188] *Ibidem,* fol. 56 r.

[189] L. B. O., fol. 57 r. Real Cédula emitida en Madrid el 22 de agosto de 1705.

fielmente en la ciudad de Granada, el monarca dispone que, ante las malas experiencias sobre el nombramiento de los alféreces por parte de los capitanes de milicias, a partir de la disposición indicada exigía que le fuese remitida una terna por parte del gobernador del señorío, con el fin de nombrar a la persona que considerase más idónea[190].

4. Contribución del mayorazgo al ejército real

Además de la cooperación obligatoria de los vecinos de la villa de Órgiva y lugares de su taha a la defensa de la costa, los residentes en los reinos de Castilla y Granada debían aportar soldados o su contribución en dinero, por el importe asignado al servicio de la Corona. En un auto de diciembre de 1646, firmado por don Alonso Ramírez de Prado, del Consejo de Su Majestad y oidor de la Real Chancillería, se especificaba que:

(…) y siendo este servicio preciso y inexcusable, con su piedad, y por aliviar en él a sus vasallos y se escusen las molestias y vexaciones que se han experimentado, en ser alistados por quintos y repartimientos contra su voluntad, deseando que con esta le sirvan y no forçados, ha tenido por bien, que las dichas ciudades, villas y lugares que por su mayor comodidad eligiesen servir con el sueldo de los soldados, que de los dichos mil infantes les fuesen repartidos, según su obligación,

---

[190] La facultad les fue concedida a los capitanes de milicias por Su Majestad en 1696. La Real Cédula derogando dicha facultad tiene fecha de 1715, y fue recibida en Órgiva el 25 de junio del referido año, siendo transmitida por el gobernador del estado, don Antonio González, a los capitanes de la milicia para su cumplimiento. A. H. A. O.

*lo puedan hazer a razón por cada uno de setenta y dos escudos de
a diez reales, mitad en plata y mitad vellón*[191].

El citado oidor de la Real Chancillería de Granada tenía encomendada por el rey la conducción de mil infantes como contribución fijada por la Corona al reino de Granada para la campaña de Cataluña de 1647. La realeza justificaba la leva de soldados para destinarlos a la defensa de sus reinos, si bien estaba informada «de las extorsiones, injusticias y grandes daños que padecen las provincias de Castilla y Andalucía, con la saca de gente de milicia que va a Cataluña involuntaria»[192], teniendo en cuenta que los poderosos hacían todo lo posible para que los excusasen y librasen de entrar en el sorteo, cayendo la contribución sobre «los pobres y miserables»[193].

Al referirse a la villa y lugares pertenecientes a la taha de Órgiva, pues en esta época todavía seguía utilizándose el término de origen nazarí, ya que aparece en letra manuscrita en el margen del documento, les correspondieron dos soldados, si bien estos podían ser sustituidos por dinero. El importe fijado para el citado año fue de setenta y dos escudos de a diez reales, treinta y seis en plata y treinta y seis en vellón, por quinto, cantidad que en ese año era menor a las anuales precedentes. El total del repartimiento alcanzaba la cifra de 1.875 reales para pagar el importe de los dos soldados y las costas de la parte de conducción de dicho dinero a Granada y demás derechos. De ellos, 1.731 correspondían a la Hacienda Real y el resto a otros gastos, destacando los 144

---

[191] A. H. A. O.
[192] *Idem.*
[193] *Idem.*

reales que se dedicaban a la conducción del dinero a Granada. La cuantía monetaria debía ser aportada por el conjunto de vecinos que constituían los concejos del estado de Órgiva mediante el oportuno repartimiento[194]. En la lista elaborada al efecto en Albacete aparecen citados 115 contribuyentes, con aportaciones entre uno y once reales, si bien los hermanos Juan y Diego de Cabrera estaban exonerados por pertenecer a la nobleza, condición que consta en el documento expresada con las siguientes palabras: «No se le reparte por ser hijodalgo, notorio»[195].

Cuadro n.º 3
Reparto de gastos en el año de 1647

Población	Reales
Albacete	657
Cáñar	408
Soportújar	270
Busquístar	234
Carataunas	97

[194] El pago solía realizarse en dos partidas abonables por mitades, una a final de abril y la otra de agosto. El envío se realizaba por «vereda, pagando al varadero lo que le va señalado en la comisión de vereda». Real Cédula de 1691, A. H. A. O.

[195] *Idem*. En la relación aparece en el margen izquierdo la palabra *noble* junto al vecino Jusepe Torralva, y la cantidad de reales que debía aportar. Las siguientes grafías están tachadas. En una nueva relación no se hace constar su origen noble. En total eran 113 los contribuyentes que debían contribuir al sostenimiento del ejército en Cataluña, con cantidades entre uno y siete reales. En un solo caso, al número uno de la lista, Juan Pérez de Córdoba, se le asignan como contribución siete reales, en sustitución de los tres fijados en el primer reparto.

Población	Reales
Bayacas	89
Benizalte	48
Barja	48
Sortes	24
Total	1.875

Fuente: A. H. A. O.

El dinero debería estar en la capitalidad del mayorazgo el día de san Francisco; en caso contrario, debían tener prevenida a la gente para que los comisarios fueran a hacer las suertes entre todos los que estuvieren alistados, sin excepción, «aunque sean ministros de Inquisición y Cruzada, oficiales de concejos que ayan comprado los oficios con esta excepción y síndicos de las religiones mendicantes»[196]. Con este dinero se contrataría a gente voluntaria, española, y en caso de que no se encontrase la necesaria se traería de otras naciones.

Sin embargo, «por la gracia y solicitud que puso en que se moderase en la dicha cantidad» Mateo de Montero, el cómputo total de la cuota destinada a la defensa del reino fue reducido a 1.100 reales, con la siguiente distribución[197]:

---

[196] A. H. A. O. Real Cédula emitida en Zaragoza el 3 de agosto de 1646.

[197] *Idem.* «(…) y ahora como consta del testimonio desta otra foxa, toda la cantidad de ellos se a reducido a mil y zien reales por su magestad, por dichos dos reales».

Cuadro n.º 4
Segundo reparto de gasto de 1647

Población	Reales
Albacete	438
Cáñar	304
Soportújar	200
Busquístar	171
Carataunas	68
Bayacas	65
Benizalte	34
Barja	34
Sortes	16
Total	1.330

Fuente: A. H. A. O.

El encargado de recaudar el repartimiento en la villa y sus ocho lugares fue el vecino de Albacete Juan Bautista Pretel. Del importe total de los reales recaudados, 1.100 correspondían al cupo asignado al estado orgiveño, cien a lo cobrado por Mateo Montero y el resto para otros gastos[198].

Ante la tardanza en remitir el importe correspondiente a los dos soldados, con fecha 7 de marzo de 1647 el auditor de la

---

[198] En este año de 1647, los miembros del Concejo de Justicia y Repartimiento de Albacete eran don Lorenzo de Zepeda, gobernador del estado; Melchor de los Reyes y Pedro Martín, alcaldes, y Francisco García Reyes y Manuel Rodríguez, regidores. A. H. A. O.

Chancillería, don Alonso Ramírez de Prado, remitió un escrito «biendo que se ha dilatado tanto tiempo remitir lo que toca a esa villa, por el repartimiento de los soldados para esta campaña, pues es forçoso valerse su Magestad de sus vassallos, en necesidad tan grande, para la defensa de todos»[199]. Por ello, solicitaba su rápido cumplimiento o, de lo contrario, amenazaba con trasladarse personalmente a la villa por «lo que tanto importa conforme a la orden de su Magestad». El pago se realizó el 17 de abril de 1647[200].

En el cabildo celebrado el 16 de junio de 1659 en la villa de Albacete se tomó el siguiente acuerdo:

(…) que por quanto a esta villa y demás lugares de su estado, para la campaña de este presente año, se le piden dos soldados a cincuenta ducados cada uno, la mitad plata con que vienen a subir, reducidos a bellón, en un mill y ochocientos y nobenta y cinco reales, los quales se an de prorratear entre los lugares, cada uno conforme a su becindad sin hacer agravio a naide[201].

Cuadro n.º 5
Reparto realizado en 1659

Localidades	Importe en reales
Albacete	975
Barja	40
Bayacas	140

---

[199] A. H. A. O.
[200] *Idem.*
[201] *Idem.*

Localidades	Importe en reales
Benizalte	40
Busquístar	300
Cáñar	490
Carataunas	140
Soportújar	300
Sortes	20
Total	2.445

Fuente: A. H. A. O.

Tras la distribución hecha de los 2.170 reales, los miembros del concejo de la villa acordaron que el escribano sacase copia y la entregase al ministro de este estado, con objeto de que se desplazase a cada lugar y lo comunicase a sus concejos para que estos hicieran el repartimiento entre sus vecinos, a fin de que en el plazo de quince días llevasen la recaudación asignada a la ciudad de Granada. El encargado de la cobranza en Albacete fue el vecino Luis Rodríguez y el reparto se hizo entre un total de 110 vecinos, a siete de los cuales, los más acomodados, se les impuso una cuota de quince reales. Sólo dos residentes quedaron exentos de contribuir, Andrés García de Zaragoza y Diego Cabrera, por ser hijosdalgo.

En una cédula de 6 de junio de 1691, relativa a las contribuciones de todas las ciudades, villas y lugares del reino, se especifica que «se ha de aplicar para el socorro, pagas, vestuarios y reclutas de los cinco tercios provinciales que están sirviendo de guarnición en el Principado de Cataluña y reyno de Navarra»[202]. Su aportación al servicio de milicias:

> (…) y para que los lugares de este distrito y sargentía tengan noticia de lo que a cada uno toca y se le ha repartido: hago saber a los señores Concejo, Justicia y Regimiento de la villa de Órgiva, que conforme al dicho repartimiento le tocan dos soldados que han de repartir entre sus vezinos[203].

Generalmente, el concejo de Albacete, capitalidad del estado de Órgiva, recibía de la administración real las Reales Cédulas o disposiciones inherentes al mayorazgo para su aplicación en la totalidad del territorio y, realizado el perceptivo repartimiento, distribuía y remitía a cada uno de sus concejos la parte que les correspondía; sin embargo, en 1720 o no lo hizo o no lo hemos encontrado, pues sólo poseemos la cantidad del reparto correspondiente a la villa, que se distribuyó entre 180 vecinos, siendo sus mayores contribuyentes Pedro Martín de Rojas, Diego García y Francisco de Vílchez. Del importe total, que alcanzaba la cifra de 737 reales, le correspondían a la Corona 637, mientras que del resto treinta y siete eran para gastos de conducción y cobranza y treinta y cinco para el escribano.

La contribución al ejército de Andalucía, guardias de corps y sus reales caballerizas entre 1730 y 1735 recayó sobre las siguientes provincias andaluzas: Granada, Sevilla, Córdoba y Jaén. Su importe se elevó a 1.477,384 reales y diez maravedís de vellón.

---

[202] Real Cédula de 1691, A. H. A. O.
[203] *Idem.*

A esta cantidad había que sumarle un 1 % correspondiente al arquero o depositario, por lo que la citada cantidad se incrementó en 14,773 reales. A la villa de Órgiva le correspondieron 3,225 reales y doce maravedís, más los once concernientes al alcalde, sumando un total de 3.336 reales y doce maravedís.

El concejo, constituido por los alcaldes, Miguel Fernández y Cristóbal Rodríguez, más el regidor mayor, José Fernández Montero, eligió a los repartidores, Juan y José Bueno de Enciso, hermanos, junto con los regidores Francisco Gutiérrez Bermúdez y Diego González, quienes, tras el juramento realizado por Dios junto a una cruz, aceptaron los nombramientos para realizar el reparto. El total de vecinos que contribuyeron a la recaudación fue de 263, destacando entre los mayores contribuyentes a José Martín de Rojas con 140 reales, Juan López con ochenta y dos y Francisco Muñoz con cuarenta y cinco.

V

La administración del mayorazgo

1. Los cargos públicos

El título de concesión del señorío estipulaba que su poseedor disfrutaba del privilegio de ostentar «la justiçia e jurisdiçión çivil e criminal, alta e baxa, mero y misto ynperio»; por consiguiente, tenía la potestad de designar a todos los cargos inherentes a la institución[204]. Hasta el cambio de titularidad en la posesión del mayorazgo a mediados del siglo XVIII, con la llegada del conde de Sástago, su administración se rigió mediante el sistema de concejos abiertos y sus oficiales eran refrendados por el señor del dominio entre los vecinos propuestos, si bien sus nombramientos los podía revocar, con causas o sin ellas.

Los cargos públicos del estado de Órgiva eran, además del gobernador o alcalde mayor, el teniente de gobernador, los alcaldes, los regidores, el alguacil mayor, el escribano, los ministros y los procuradores[205]. Todas estas autoridades eran designadas por el titular del privilegio, y la duración del ejercicio en el cargo dependía de

---

[204]   A. G. S., R. G. S., IX-1499, fol. 1.

[205]   Las décimas de la vara del alguacil mayor estuvieron arrendadas a don Silvestre de Zéspedes Buesso, con anterioridad a 1732, en seiscientos reales de vellón al año. A partir de esa fecha, el nuevo arrendador fue don Felipe Vidal y su importe se elevó a mil reales. En esta cantidad estaba incluida la alcaldía de la cárcel propia del mayorazgo.

la voluntad del señor, a excepción de los alcaldes, los regidores y los ministros, que generalmente gozaban de su puesto durante un año, pues eran votados por los residentes en los citados cabildos abiertos, y posteriormente el resultado de las votaciones se remitía por el escribano al noble, que elegía para los distintos cargos a los vecinos que consideraba más adecuados, aunque generalmente aceptaba a los que habían conseguido mayor número de votos.

En 1763, don Pedro José Lisbona, abogado de los Reales Consejos y de la Real Chancillería de Granada, era el administrador general del conde de Sástago y el escribano del estado era Félix José Braojos. En el siguiente cuadro constan los oficiales de la villa de Órgiva en el citado año, junto con las máximas autoridades del mayorazgo.

Cuadro n.º 6
Los cargos públicos en 1763

Nombre	Cargo
Don Marcos Coarasa y Lambea	Administrador del conde
Don Raimundo Aznar y Sanjuán	Gobernador del estado
Francisco de Molina	Alcalde
Francisco Enríquez	Alcalde
Manuel Rodríguez	Regidor
Blas Hidalgo	Regidor
Salvador Moreno	Ministro
José de Nieva	Ministro

Fuente: L. B. O.

1.1. El gobernador

El gobernador, también denominado alcalde mayor, actuaba como el *alter ego* del señor, pues era la persona de confianza del noble, elegido para representarle en su estado, y constituía la pieza fundamental para el control del territorio[206]. Su elección no requería de ningún requisito especial, salvo el de ser persona hábil, suficiente y defensor a ultranza del titular del mayorazgo; sin embargo, portar la vara inherente al cargo constituía un medio de ascenso social y una forma de hacer dinero. Miguel de Cervantes, gran conocedor de la sociedad de su época, dice de estos personajes: «Si el gobernador sale rico de su gobierno, dicen dél que ha sido un ladrón y, si sale pobre, que ha sido parapoco y un mentecato»[207].

La condesa de Sástago, viuda de don Vicente Fernández de Córdoba y Alagón, justificaba el nombramiento del gobernador con las siguientes palabras: «Por quanto para el buen gobierno y administración de la justicia de mi villa y estado de Órgiba, es preciso nombrar persona de prudencia y zelo, que sirva el empleo de governador, por el presente nombro por governador y justicia mayor de dicha villa de Órgiba y, lugares de su estado, término y jurisdicción a don Ambrosio Tello y Guzmán»[208].

---

[206] LÓPEZ SALAZAR PÉREZ, J., «Poder y conflicto en las comunidades rurales de señorío de Castilla la Nueva. Los gobernadores y alcaldes mayores», en PÉREZ ÁLVAREZ, M. J.; RUBIO PÉREZ, L. M. y MARTÍN GARCÍA, A. (coords.), *Campo y campesinos en la España Moderna. Culturas políticas en el mundo hispano*, Fundación Española de Historia Moderna, CSIC, León, vol. I, 2012, pp. 158-212.

[207] CERVANTES SAAVEDRA, M., *Segunda parte del ingenioso caballero Don Quijote de la Mancha*, Biblioteca Virtual Miguel de Cervantes, Alicante, 2001, cap. LV.

[208] A. C. A., leg. 70, c.ª 9.ª, n.º 3. El cargo de teniente de gobernador recayó en don Pedro de Rivas, vecino de Albacete.

1.2. La administración municipal del estado de Órgiva

Los alcaldes eran la autoridad judicial dentro de su municipio. Designados por el señor jurisdiccional del estado de Órgiva, a estos oficiales les concernía la administración de justicia, en primera instancia, de los delitos ocurridos en sus términos, salvo los reservados a la Corona. En el nombramiento del alcalde de Bayacas, correspondiente al año 1669, realizado por el titular del dominio, don Luis Fernández de Córdoba, se especifican sus atribuciones como regidor:

> *(…) que el dicho alcalde pueda traer bara alta de justicia en el dicho lugar y su término, y para que conozca de qualesquier causa de daños, que con los ganados se hicieren, en las tierras de las suertes de población en el dicho lugar y su término, sentenciandolas hasta en cantidad de trescientos reales, y no más, y hacer pagar los daños que se apreciasen, y que le guarden los arbolados, panes y acequias, y que los ganados que los hiciezen los pongan en el corral de Concejo, y prender qualesquier delinquentes y hombres de mal bivir, y remitirlos al governador que es o fuere del dicho estado, y el dicho regidor pueda haçer posturas en los mantenimientos que se truxeren y bendieren en el dicho lugar[209].*

Igualmente, deberían apremiar a los vecinos para limpiar las acequias y arreglar los caminos y balates de su término. Por último, conminaban a los residentes a que guardasen a sus regidores todas las honras, franquezas y libertades que les co-

---

[209] A. H. Nob., Luque, c. 306.

rrespondían por razón de su oficio, bajo multa de mil maravedís para la Cámara Real.

En el cuadro siguiente exponemos el número de oficiales (alcaldes, regidores y ministros) correspondientes a la villa y lugares que constituían el mayorazgo.

Cuadro n.º 7
Cargos municipales elegibles
en el estado de Órgiva en 1730

Lugares	Alcaldes	Regidores	Ministros
Barja	1	1	-
Bayacas	1	1	-
Benizalte	1	1	1
Busquístar	2	2	1
Cáñar	2	2	1
Carataunas	1	1	-
Órgiva	2	2	2
Soportújar	2	2	-
Sortes	1	1	1

Fuente: L. B. O.

Generalmente, en el mes de noviembre o primeros días de diciembre de cada año, en todos los ayuntamientos de la villa y demás lugares que integraban el estado de Órgiva, se convocaban las elecciones a los cabildos abiertos, cuyo número de alcaldes, regidores y ministros consta en el cuadro anterior. Los comicios para elegir a los componentes de sus concejos municipales se realizaban en día de fiesta, y la convocatoria a los vecinos se efectuaba a campana tañida, como era costumbre. El escribano titular del estado de Órgiva se desplazaba a los distintos lugares del mayorazgo, levantaba el acta de la votación en cada uno de ellos y daba fe del acto electoral. Posteriormente, por orden del concejo respectivo, remitía una copia de los resultados obtenidos al poseedor del dominio para que eligiera la justicia que le «fuese más servido»[210].

En el memorando realizado en la villa y lugares de su estado, con la denominación de todos los votantes, aparecen en el último lugar de la lista los nombres del alcalde o alcaldes, del regidor o regidores y del ministro o ministros encargados de convocar a los vecinos, así como la fecha de la convocatoria para la elección y los resultados de la votación realizada. En el documento elaborado, a cuatro columnas, aparecen relacionados, en la primera fila, los nombres de los participantes; en la segunda, la persona o personas que cada votante proponía para alcaldes; en la tercera, los individuos que consideraban idóneos para regidores; y en la última, el de los ministros, si les correspondían dos, como era en el caso de la villa de Órgiva, y uno en el resto de los lugares.

El escribano del rey y público de la villa de Órgiva y lugares de su estado en 1738 era Francisco de Zéspedes Buesso. El número de vecinos que participaron en la primera votación de concejos abiertos realizada tras la toma de posesión del conde de Sástago en el mayorazgo de Órgiva fue el siguiente: Barja 11, Bayacas 11, Benizalte 12, Busquístar 39, Cáñar 41, Carataunas

---

[210] A. C. A., Diversos, Sástago, leg. 92.

22, Órgiva 65, Soportújar 29 y Sortes 7. El total de votantes en el estado de Órgiva fue de 237. El escribano dejaba constancia de estos datos en las actas originales que elaboraba y «quedaban entre los papeles de mi ofizio», archivadas en la casa palacio, y una copia de los resultados obtenidos era remitida al noble[211].

A partir de 1772, los cabildos de todo el estado de Órgiva dejaron de ser abiertos y las propuestas para la elección de sus regidores eran realizadas exclusivamente por los miembros salientes de los «conzejos y reximientos» de la villa y demás lugares de su estado. En el concejo de la villa de Albacete celebrado el 18 de noviembre de 1779, presidido por don Ambrosio Tello Guzmán, gobernador y justicia mayor del estado de Órgiva, aparece expuesto, al igual que en el resto de los lugares, el nuevo sistema de nombramientos de los oficiales para los concejos, solicitado por el conde de Sástago al rey y ratificado por la Real Chancillería de Granada. Su resolución la exponemos a continuación:

(…) y teniendo presente lo prezeptuado por su Magestad y señores Presidente y Oydores de la Real Chanzillería de la corte de este reyno, en Real Provisión librada a pedimento del excelentísimo señor conde de Sástago, que lo es de esta jurisdizión, que se halla cumplimentada y en su obedezmiento puesta orixinal en el libro Capitular de el año pasado de mil setezientos setenta y dos, su fecha de veinte y nuebe de julio de mismo año, por la que se previene que dichos señores ofiziales de Conzejo, por si solos y sin votto de vezinos en cabildo avierto, hagan la elección para oficiales de Conzejo en cada un año, votando cada uno de sus merzedes quatro vezinos

---

[211]   A. C. A., Diversos, Sástago, leg. 92.

para alcaldes, quatro para rexidores y dos para ministros para que dicho Excelentísimo señor elija de los que se pusieren los que tenga por combeniente, teniendo presente que ninguno de dichos ofiziales han de votar pariente dentro de el quarto grado de consanguinidad, ni afinidad[212].

La supresión de los concejos abiertos simplificó al máximo las elecciones, pero eliminó el derecho de participación de los vecinos, pues, si bien el titular del mayorazgo siempre poseyó la potestad de elección, generalmente nombraba a los más votados, aunque, como dijimos, si lo creía conveniente derogaba los nombramientos. A partir de la fecha indicada, cada uno de los miembros de los concejos, denominados con el término de concejales, de la villa de Albacete y de los lugares de Cáñar, Busquístar y Soportújar proponían a cuatro convecinos para los cargos de alcaldes y regidores, y a cuatro o dos para ministros. En cuanto a los lugares de Barja, Bayacas, Benizalte, Carataunas y Sortes, eran sólo dos los escogidos para los dos oficios citados en primer lugar.

En el siguiente cuadro relacionamos todos los oficiales que fueron elegidos por el conde de Sástago para los concejos en el estado de Órgiva, a finales de 1779, para el siguiente año.

---

212   *Idem.*

Cuadro n.º 8
Oficiales nombrados para los concejos en 1780

Lugares	Alcaldes	Regidores	Ministros
Barja	Andrés Álvarez	Francisco Álvarez	Juan Pérez
Bayacas	Juan Tobar	José Pérez	Tomás Orantes
Benizalte	D. Melchor de Arroyo	Manuel Bueno	Hermenegildo García
Busquístar	D. Antonio Caballero y Felipe Mendoza	Vicente Fernández y Raimundo Perea	Juan García
Cáñar	Francisco Arenas y Juan Rodríguez	Francisco Lorenzo y Alonso Rodríguez	Juan Ruiz
Carataunas	Cristóbal Pérez	Juan Alonso	Salvador de Arenas
Soportújar	Juan Vílchez Martín y Francisco Tovar Fiesta	José Gallardo Díaz y Francisco Alonso Maior	Macías de Funes
Sortes	Antonio Marfil	Mateo Álvarez	Pablo Fuentes

Fuente: L. B. O.

Aunque no era frecuente que el gobernador presidiese las juntas de gobierno de los concejos, en 1794 el citado cargo, don Peregrín de Barbastro, estuvo presente, tanto en la villa como en los demás lugares del mayorazgo, durante la celebración de las elecciones, si bien no aparecen propuestas formuladas por la citada persona. En el lugar de Sortes, carente de alcalde por el fallecimiento de su titular, la propuesta sólo fue formulada por su único regidor.

1.3. LAS ESCRIBANÍAS

El escribano era el responsable de la redacción de las actas del cabildo. Daba fe de los debates y acuerdos que se producían en los ayuntamientos, de las tomas de posesión, de los oficios que se nombraban, de las certificaciones y testimonios, además de participar en todos los asuntos que fuesen competencia de los cabildos que, por su carácter de públicos, requerían de su presencia[213]. La escribanía del estado de Órgiva estaba arrendada con anterioridad a la toma de posesión del conde de Sástago, en el año de 1730, al escribano don Francisco de Zéspedes Buesso, en 1.500 reales anuales. Esta cantidad fue confirmada por el nuevo titular del mayorazgo.

En un informe elaborado a finales del siglo XVIII y dirigido al señor de Órgiva, el firmante manifiesta su preocupación por la deplorable actitud y el comportamiento nefasto del escribano del señorío, Bernardo de Braojos:

> *(…) deseando en cumplimiento de mi obligación, por todos los medios posibles, el alivio de esta villa y sus lugares, no he cesado de trabajar con el mayor desvelo desde mi ingreso en esta Real Jurisdicción para conseguir la paz pública, tranquilidad y recta administración de justicia, obscurecida y coartada por muchos años en estos pueblos[214].*

---

[213] GÓMEZ MARTÍNEZ, A., «Cargos y oficios municipales en las ciudades de León, Zamora y Salamanca durante el reinado de Carlos III», *Estudios Humanísticos. Historia,* n.º 5, 2006, pp. 159-184.

[214] A. C. A., Diversos, Sástago, leg. 56. El informe está fechado en Órgiva el 9 de junio de 1800.

Consideraba el informador que «los muchos desórdenes que se experimentaban y que [se] calmarían con el exterminio de Bernardo Braojos, escribano de esta villa, único móvil y causa de tantos males»[215]. De acuerdo con el administrador, don José Lisbona, el asesoramiento de los jueces del crimen de la Real Chancillería y a sugerencia del gobernador del señorío, don Vicente Mateo de Sorribas, se elaboró «un papel anónimo que contuviera todos los particulares, para de este modo tratar del castigo»[216].

Por decreto de la sala se dio comisión al cabildo de Motril, territorio de realengo más cercano, en la persona de su alcalde mayor, «para comprobar su despotismo en sacar justicia a su gusto, y que no se hiciese otra cosa que sus vanos e infundados antojos»[217]. El alcalde mayor comprobó que Bernardo Braojos era conocido públicamente en la villa por el sobrenombre de «el Rey», y su íntimo colaborador, un tal Marfil, por «Godoy», que los dos alcaldes de Albacete eran sus compadres y el síndico personero Félix José Braojos, su hijo. Además, su sobrino Vicente Braojos había cometido un crimen y campaba libremente por las sierras cercanas, talando los montes y encinares sin ser capturado.

El citado personaje iba acompañado de otros sobrinos, los hermanos Eusebio e Ignacio Braojos, y Fernando Gordillo, los tres de profesión contrabandistas y malhechores. Todos ellos convivían en las calles de la villa con un gran número de forajidos de la hoya de Málaga y de otros lugares. En otros apartados del documento se dice:

---

[215] *Idem.*

[216] *Idem.*

[217] *Idem.*

> *(…) que sus caballos trillaban sin parvas, que asistían a las casas del escribano a un público juego de banca que tenía en ellos; que era un declarado protector de contrabandistas, y, por último, resultó por testimonio, havía entonces 72 contrabandistas en esta villa, con 140 cargas de tabaco y otras de ilícito comercio[218].*

Las precedentes acusaciones fueron remitidas a la Chancillería de Granada, conjuntamente con el informe realizado por el alcalde mayor de Motril. En él se decía que mientras permaneciese en Órgiva el escribano Bernardo Braojos no se administraría justicia, ni tendría el rey vasallos que le obedecieran. Por ello, con fecha 2 de diciembre de 1799, y posteriormente el 23 de enero del siguiente año, se le conminó a que procediese a la prisión de los citados sobrinos por no haberse cumplido la citada orden y a la vez «haber estendido diligenxias aéreas y falsas de haberlos buscado y no haverlos encontrado» mientras estos se paseaban públicamente por la villa[219]. Ante tales circunstancias, la Real Chancillería emitió un auto el 22 de febrero, por el cual fue condenado a una multa de trescientos ducados, siendo obligado a comparecer ante la corte granadina. Una vez presentado, fue detenido y encarcelado.

El demandado, en la declaración presentada en su defensa, manifestó que don Gabriel de Ledesma, en ese tiempo cura y vicario de Órgiva, era su enemigo capital, autor de la acusación anónima, que los testigos eran sus cómplices y que jamás él había sido corregido en el cumplimiento de su deber.

---

[218]   *Idem.*
[219]   *Idem.*

La Real Chancillería nombró como receptor al alcalde mayor de Motril para que se desplazase a Órgiva, a fin de realizar las pruebas judiciales y comprobar la ratificación de los testigos del sumario, juntamente con el documento anónimo. Sin embargo:

(…) conociendo que estos hombres no viven de otra cosa que de semejantes comisiones, y que a veces cometen infamias por el vil precio del interés a que se sujetan, sin sopesar los límites de la justicia[220].

Tras la consulta con el administrador del mayorazgo, y ante el temor de que el receptor cometiese alguna maldad y los testigos se retractasen, se realizaron negociaciones secretas con el comisionado, quien confesó el ofrecimiento de seis mil reales que le había realizado Félix Braojos, hijo del escribano, si bien aceptó la dádiva ofrecida por parte de la administración del estado de cuatro mil reales para él y quinientos para su oficial. Ante este hecho, el negociador manifiesta que «no puedo ponderarle a vuestra excelencia el rubor que me causa estender tales líneas, que demuestran el manejo criminal que se observa en estos tiempos para que guarden justicia»[221].

Finaliza el documento suplicando a «vuestra excelencia» que procure liberarlos «del yugo y esclavitud que han padecido con un déspota cruel», y de este modo sus vasallos serían libres para poder ejercer sus derechos[222].

---

[220] *Idem.*

[221] *Idem.*

[222] *Idem.*

No obstante, pese al precedente informe de finales del siglo XVIII, tres años después del citado hecho el conde de Sástago tuvo necesidad de nombrar un nuevo escribano:

> *(…) estando en posesión de nombrar personas que las sirvan según las exigencias de los tiempos, habiendo muchos años que no se ha nombrado por mi casa más que un escribano, ahora los concejos, ayuntamientos plenos, síndicos, hacendados y vecinos de dicha mi villa y lugares de su estado me han representado que para el mejor despacho y desempeño de los negocios, contratos y demás causas que ocurran necesitan de otro escribano que alterne con el actual numerario[223].*

El nombramiento de Félix José Braojos, hijo del depuesto Bernardo, conllevaba los derechos consustanciales al cargo, despachando los contratos sobre los asuntos civiles de mutuo acuerdo con el otro escribano existente, y los criminales por meses, alternándose anualmente en los propios del cabildo, juntas de propios, pósitos de la dicha villa y pueblos de su estado[224].

1.4. LOS AFOROS

La cobranza de los impuestos correspondientes a la Real Hacienda se realizaba mediante el sistema de administración o contrato. En el caso de que no se presentase ninguna oferta para su cobranza, la recaudación se hacía bajo el control del concejo municipal. En el año de 1646, el cabildo municipal de la villa

---

[223] A. C. A., leg. 70, c.ª 9.ª, n.º 1.
[224] *Idem.* Fechado en Zaragoza el 17 de agosto de 1803.

de Albacete estaba constituido por las personas reflejadas en el siguiente cuadro.

Cuadro n.º 9
Componentes del concejo de Albacete en 1646

Diego García de Vellugas	Alcalde
Cristóbal Rodríguez	Alcalde
Pedro de Molina	Regidor
Juan Martín Montero	Regidor

Fuente: A. H. A. O.

Los componentes del concejo citados, junto con los aforadores, Gaspar Fernández y Salvador Gutiérrez, eran los encargados de evaluar la cantidad de alimentos obtenidos tras las cosechas de vino, aceite y vinagre. Los seis miembros citados, en el ejercicio de sus cargos, penetraban en las viviendas y recorrían las partes bajas, donde a modo de bodega se almacenaba el vino, e iban acompañados de un fiel denominado Melchor Maciel. Generalmente, las convocatorias de reunión de los plenos municipales eran hechas por uno de los alcaldes a la salida de la misa dominical.

El aforamiento del vino elaborado en la villa de Albacete correspondiente a 1646 se llevó a cabo el domingo 14 de octubre de ese año, debido a que la vendimia se había realizado en fecha muy tardía. El día de la semana elegido se debía a que los domingos, por disposición religiosa, se consideraban de descanso obligatorio, dedicados al Señor y, por lo tanto, de permanencia de los vecinos en sus casas. De hecho, en sólo dos de las visitas los encargados de la fiscalización encontraron la casa cerrada, si bien realizaron el aforamiento de ellas ese mismo día, al final de la ronda.

En los registros, el escribano de la villa, Mateo de Zabaleta, tomaba nota del nombre del propietario de la vivienda, de la existencia o no de mosto en los domicilios visitados, del lugar donde se encontraban las candiotas o vasijas existentes, así como de la cantidad aproximada de mosto que contenía cada una de ellas. Con los datos citados levantaba un acta global de la vecindad[225].

El total de viviendas visitadas fue de noventa y ocho, de las cuales sólo cuarenta y tres poseían en sus habitáculos, situados generalmente en los patios de las casas, depósitos con vino. El cómputo total de arrobas se acercó a las 1.500[226].

1.5. LOS PÓSITOS

Según la RAE, los pósitos, también denominados alfolís, eran instituciones de carácter municipal, de muy antiguo origen, destinadas a mantener el acopio de cereales, principalmente de trigo, y prestarlos en condiciones módicas a los labradores y vecinos durante los meses de menos abundancia. Estos almacenes, durante siglos, sirvieron como bancos sociales para prestar grano

---

[225] Al tipo de envases empleados para almacenar el vino se les denominaba candiotas. Eran unos recipientes de barro como de un metro de alto y medio de ancho, empegados por dentro, es decir, bañados con pez, y con una espita en la parte inferior. Como las tinajas del agua, se colocaban sobre un pie. Cuando el depósito era de pequeñas dimensiones, el escribano utilizaba la palabra *vasija*.

[226] En algunas ocasiones encontraron tinajas llenas de «agua pie», vino muy bajo en grados alcohólicos, que se hace echando agua en orujo pisado y apurado en el lagar.

en épocas de hambruna. Su misión era atesorar cereal en época de abundancia para prestarlo a bajo interés en periodos de sequía, epidemias o malas cosechas.

Los pósitos o graneros municipales fueron un exponente característico de la autarquía agraria, practicada tanto en la agricultura como en el comercio en el Antiguo Régimen[227]. Desde un punto de vista económico, entre otras implicaciones, suponían una forma de luchar contra las crisis de subsistencia, muy frecuentes durante siglos. Otros cometidos también inherentes eran controlar el movimiento de los precios de los cereales, luchar contra la usura, actividad habitual y nefasta para la agricultura, y en ocasiones actuaban como un seguro para salvar parte de la producción agraria. Como toda actividad económica, el almacenamiento fue controlado por los ayuntamientos, que manipularon la administración y sus fondos en una época dominada por la política caciquil. Estas instituciones fueron un elemento más dentro del sistema de beneficencia, destinadas a asegurar el consumo de pan entre los campesinos más necesitados.

Los pósitos se generalizaron durante el Antiguo Régimen en la Corona de Castilla. En la Edad Media sirvieron para garantizar el abastecimiento urbano en situaciones sociales conflictivas, como motines y alborotos. A partir del siglo XIX, estos establecimientos permitieron controlar el movimiento del precio del cereal. Un aspecto importante de sus funciones fue su orientación en la lucha contra la usura, uno de los peores males que ha padecido la agricultura española durante largo tiempo.

---

[227] Esta política, practicada en nuestro país hasta tiempos muy recientes, se basaba en la restricción de las importaciones, buscando el bienestar y la prosperidad en los recursos propios y la autosuficiencia.

En el mes de agosto 1646, ante la carencia de pan, se reunió el concejo de la villa en la casa morada del palacio del marqués de Valenzuela, presidido por el gobernador, don Lorenzo de Zepeda, y acordó subir el precio de la hogaza de pan de dos libras «porque los pobres son dannificados y forasteros que pasan no hallan el dicho pan para su sustento». Para remediarlo, teniendo en cuenta que había pósito, acordaron que la hogaza de pan cocido de dos libras se subiera dos maravedís, ya que no se elaboraban suficientes piezas de este alimento por haber subido el precio del trigo y no poder sacar su importe. El nuevo precio impuesto por las autoridades supuso que la citada hogaza se subiese hasta alcanzar los ocho maravedís, es decir, se autorizó una subida del 18,7 %[228].

Sin embargo, con el aumento del precio no se solucionó el problema, pues el concejo volvió a reunirse con fecha 18 de mayo del año siguiente. Ante la necesidad apremiante de cereal, adoptó la decisión de tomar un préstamo del jurado Antonio Ruiz, vecino de Granada, por importe de 6.518 reales para la compra de 165 fanegas de trigo, a razón de 39,50 reales cada una de ellas. De la citada unidad de capacidad podían elaborarse cincuenta y cinco hogazas de pan de dos libras y dieciséis onzas[229].

La explicación dada fue la siguiente:

> *(…) y an fecho anatomía con una fanega de trigo y della a*
> *salido cincuenta y cinco hogazas de pan, de a dos libras, de a dies y*
> *seis onzas cada libra que a precio de seis quartos y medio la hogaza*

---

228   A. H. A. O.

229   El concejo de Albacete estaba constituido por los alcaldes Melchor de los Reyes y Pedro Martín, y los regidores eran Francisco García Reyes y Manuel Rodríguez.

sale por quarenta y dos reales y dos maravedís cada fanega de trigo, que vaxados dellos dos reales y medio para el amaxijo del panadero que lo a de amassar, de suerte que sale líquido para el dicho pósito los dichos treinta y nueve reales y medio[230].

Cuadro n.º 10
Pósitos del estado de Órgiva en 1732

Lugar	Vecinos	Fanegas de trigo
Albacete	300	80
Barja	40	--
Bayacas	30	39
Benizalte y Pago	12	--
Busquístar	75	75
Cáñar	130	270
Carataunas	60	--
Soportújar	80	230
Sortes	--	--
Total	727	694

Fuente: L. B. O.

Como vemos en el cuadro precedente, los pósitos del mayorazgo no tenían almacenadas muchas fanegas de trigo en la fecha indicada. El de Albacete apenas disponía del necesario para hacer

---

[230] A. H. A. O.

frente a un mínimo desajuste en la producción de este cereal, pues debería poseer 530 fanegas y sólo disponía de las indicadas en el cuadro y un remanente en dinero de 1.300 reales. La justificación ante la falta de tanto grano en la reserva fue achacada por las autoridades de entonces a un descuido de los depositarios, si bien los nuevos administradores habían conseguido aumentar la cantidad de cereal depositada. Benizalte y Pago no disponían de este establecimiento por estar sujetos al de Órgiva. Sortes, debido a su poca población, carecía de esta institución. Carataunas sí poseía alfolí; sin embargo, el escribano olvidó anotar la cantidad existente en el manuscrito. Los correspondientes a Soportújar y Cáñar parece que cumplían lo legislado, y en el de Busquístar sus reservas de trigo eran escasas.

1.6. Los propios

Los propios correspondientes a la villa y el resto de los lugares del estado eran escasos. Los pertenecientes a Albacete sólo alcanzaban los dos mil reales y correspondían al arrendamiento de las tiendas y tabernas. Estos últimos establecimientos sólo contribuyeron a partir del año 1751, pues antes no lo hacían. Además, por los derechos de horno se abonaban 110 reales al año. La carne, como el resto de productos de consumo, pagaba el respectivo impuesto. En 1726, el concejo de Albacete nombró a José Bernardo Braojos como fiel encargado de llevar el libro de fieldad, en el cual constaban los «romaneos» que se hacían en la carnicería, pesando los machos y otros ganados, con la obligación de que en él constase el nombre de la persona que llevaba el ganado y especificase si era vecino o forastero, «no permitiendo se benda por menor, asta tanto que esté ejecutado dicho romaneo, el qual ba en diez fojas rrubricasdas de Juan Bueno, alcalde, y del presente escribano»[231].

Poseemos las anotaciones correspondientes a los tres primeros meses del citado año. En enero se romanearon, en expresión de la época, ocho machos, que dieron un peso total de 229 libras, si bien la carne perteneciente a un cabrito que pesó dieciocho libras se perdió sin ser despachada, y del resto se rebajaron setenta y cinco libras destinadas a los eclesiásticos de la villa. A lo largo del mes de febrero sólo en cinco ocasiones se sacrificaron cabritos, cuyo peso en total fue de 153 libras, de las que cuarenta y cuatro se apartaron para «los caballeros eclesiásticos». En el siguiente mes de marzo, y en tres anotaciones correspondientes a distintos días, se sacrificaron cabritos de los cuales se obtuvieron 239,5 libras, siendo destinadas, como en las anteriores ocasiones, un total de 153 libras para el personal eclesiástico.

Los cinco molinos de pan, la almazara y uno que fabricaba papel de estraza, aunque eran de particulares, abonaban su censo al mayorazgo. En el lugar de Benizalte, por derechos del horno se pagaban cinco reales. Los lugares de Pago y Sortes carecían de propios. En Bayacas, el concejo abonaba siete reales por el impuesto del horno. En Carataunas existían una tienda y una carnicería, pero esta última sólo funcionaba durante los meses de verano, además de un horno, que abonaba doce reales al mayorazgo. En Soportújar rentaban un molino de pan, la tienda y la carnicería, aunque sólo se sacrificaban animales durante los meses de estío, y el horno pagaba una cuota anual de quince reales.

---

[231]   A. C. A., leg. 70, c.ª 2.ª, n.º 1.

VI

Órgiva y la Real Hacienda

1. Impuestos y derramas

En el mayorazgo de Órgiva, como en el resto de los territorios de realengo, el arrendamiento de los impuestos fue durante siglos el sistema usualmente empleado por la Corona para llevar a cabo su cobranza. Este sistema ha sido considerado como el mejor método usado por la monarquía, dada la precariedad del aparato burocrático de que disponía, para recaudar los gravámenes de sus súbditos. Algunos autores lo consideraban como el sistema más eficaz, pues los receptores de tributos solían poner más empeño en su cometido que los burócratas de la administración real, ya que buscaban su beneficio económico[232].

El arrendador de impuestos, generalmente, no se dedicaba únicamente a esta actividad, pues solía ejercer a la vez de asentista o prestamista. Su cometido era el equivalente de lo que actualmente conocemos como hombres de negocios. El receptor de cargas tributarias llevaba a cabo su trabajo tras un acuerdo previo con el erario público y, finalizada la recogida, entregaba a la Hacienda regia el cupo convenido, quedando a su favor la

---

[232] GONZÁLEZ ENCISO, A., «La historiografía y los arrendatarios de impuestos en la España del siglo XVIII», *Mélanges de la Casa de Velázquez,* 46-1, 2016, pp. 65-75.

diferencia entre la cantidad recolectada y la que depositaba en las arcas reales. Era notorio que entre ambas cuantías quedaba regularmente un remanente muy sustancioso como beneficio del recaudador.

Durante el siglo XVI y prácticamente el XVII, la monarquía hispánica estuvo prácticamente en guerra con las demás potencias del continente europeo. En ocasiones afrontó al mismo tiempo varios frentes bélicos, lo cual conllevó la imposición de una gran presión contributiva a sus súbditos castellanos. A los enormes gastos que conllevaban los frentes de batalla se les unieron los problemas internos en Cataluña y Portugal.

La inopia de nuestros gobernantes, que obviaban las quejas de sus súbditos ante el alza de la carga fiscal del siglo XVI, no pasó desapercibida a sus contemporáneos, «que vieron en dicha subida una de las principales causas de los problemas económicos de la época»[233]. Por la Paz de Westfalia de 1648, la Corona reconoció su incapacidad para seguir en la lucha por la hegemonía europea y el Imperio español inició la fase de repliegue, que culminó en 1700 con la muerte de Carlos II.

Al importe total, en demasía abusivo, del conjunto de las contribuciones habituales que gravaban anualmente a los tributarios de la Corona castellana con frecuencia había que sumarle otras derramas extraordinarias. Una muestra de este tipo impositivo no regulado la encontramos en la Real Cédula fechada en San Lorenzo el Real el 22 de febrero de 1705, por la cual el monarca solicitaba por Real Decreto:

---

[233] ANDRÉS UCENDO, J. I. y LANZA GARCÍA, R., «Presentación, hacienda y economía en la Castilla del siglo XVII», *Studia Historica. Historia Moderna,* vol. 32, 2010, pp. 23-46.

> *(…) por vía de donativo general se cobre luego, en todas las ciudades, villas y lugares de estos mis reynos, un real a cada fanega de tierra labrantía, dos reales a cada fanega de tierra que contenga huerta, viñas, olivar, moredas y otros árboles fructíferos, cinco por ciento de alquileres de casas y en las que habitaren sus dueños deel valor que regularmente tendrían si se arrendasen, cinco por ciento de los arrendamientos de dehesas, pastos y molinos, cinco por ciento de los arrendamientos de los lugares y términos que lo estuvieren a pasto y labor, cuya paga fuere en maravedises, cinco de huertos, rentas y derechos (excepto los censos), un real de cada cabeça de ganado mayor cerril, vacuno, mular y cavallar, ocho maravedís de cada cabeça de ganado menudo, lanar, cabrío y de cerda[234].*

La finalidad de esta contribución, a la que se designa con el nombre de repartimiento general «por vía de donativo», aunque de obligado cumplimiento, tenía como fin la defensa de los reinos por los crecidos gastos de la guerra, ya que no eran suficientes los conseguidos con el conjunto de las rentas reales, ni de otros medios extraordinarios, si bien se especifica en el documento que habían servido de algún alivio.

El peso de los impuestos, según el manuscrito *Libro Becerro de Órgiva,* «es lo que más tiene aniquilado este estado», es decir, era el causante de la extrema penuria económica de la mayoría de los pobladores del mayorazgo de Órgiva[235]. Otro tributo, de

---

[234]   A. H. A. O. Los vecinos tenían la obligación de presentar, en un periodo de tiempo de ocho días, una relación jurada de los bienes que poseían. Si no lo hacían u ocultaba algún bien, se procedería a la confiscación de lo no declarado.

[235]   L. B. O., fol. 81 r. Además de los impuestos que aparecen reflejados en el *Libro Becerro de Órgiva,* de los cuales hablamos a continuación, los lugareños estaban sometidos a otros gravámenes que incidían en sus escasos ingresos.

origen eclesiástico, que incidía en gran medida en el fomento de la pobreza eran los diezmos. Los correspondientes a Albacete, a mediados del siglo XVIII, alcanzaban la cifra de treinta mil reales anuales, y los de todo el estado pasaban de los sesenta y siete mil[236].

1.1. ALCABALAS

El titular del señorío de Órgiva, a través de los concejos de la villa y del resto de los lugares, debido al carácter jurisdiccional de la concesión, tenía a su cargo la total administración de los intereses de la Corona. Entre la variedad de tributos que constituían la fiscalidad del reino se encontraba la famosa alcabala. Algunos autores sitúan el origen de este impuesto en el periodo de dominación romana de la península ibérica. Este gravamen pasaría con el paso del tiempo a los municipios, y posteriormente lo hizo suyo la Real Hacienda. El historiador económico Carande dice que «se bautizó con nombre moro una criatura romana»[237]. Otros autores consideran como precedente de las alcabalas a los almojarifazgos de los siglos XIII y XIV[238].

---

[236] En el texto se citan como monedas de pago de los censos el ducado, el real de vellón y el maravedí. El real es la moneda más citada y sólo en algunas ocasiones se especifica que es de vellón. Nunca hemos encontrado citado el real de plata; por ello, optamos por aceptar al real de vellón como pago de los censos. El ducado es escasamente mencionado por su alto valor, pues equivalía a 375 maravedís u once reales castellanos, y cada real a treinta y cuatro maravedís.

[237] CARANDE, R., *Carlos V y sus banqueros*, Sociedad de Estudios y Publicaciones, Madrid, vol. II, 1949, p. 226.

[238] LADERO QUESADA, M. Á., *La Hacienda Real de Castilla en el siglo XV,* La Laguna, Santa Cruz de Tenerife, 1973.

La recaudación real se confiaba, como acabamos de decir, a los concejos, pues la burocracia palatina se concentraba en los órganos centrales del reino y en el gasto de la Real Hacienda. El encabezamiento era el sistema por el cual los concejos de la villa y del resto de los lugares del estado se comprometían a pagar a la administración regia el importe de un determinado impuesto. Previamente estos organismos debían recaudar, mediante el sistema de arrendamiento o derramas entre los vecinos, las cantidades globales acordadas con los distintos concejos que participaban en el sistema[239].

La alcabala era una contribución indirecta sobre el consumo, considerada por la Hacienda castellana como una renta ordinaria. En la terminología actual se considera un impuesto que gravaba las ventas y trueques de bienes de cualquier clase. Sus sujetos pasivos eran tanto el pueblo llano como las clases privilegiadas[240]. El porcentaje sobre el precio o valor de la transmisión varió a lo largo del tiempo.

El sistema de cobro de este impuesto se realizaba generalmente mediante «postura» o subasta, previa la publicación de un bando por el escribano del mayorazgo. En 1642 el gobernador del estado de Órgiva, don Pedro de Ayala, ante la dificultad de su cobranza, pues «los vezinos deste estado deben mucha cantidad, respeto de lo qual se causan muchas costas por no pagar dichos vecinos», emitió un auto conminando a los deudores a que en el plazo de tres días deberían abonar sus deudas, «o se les

---

[239] ZABALA AGUIRRE, P., *Las alcabalas y la Hacienda Real en Castilla: siglo XVI*, Servicio de Publicaciones de la Universidad de Cantabria, Santander, 2000.
[240] GARCÍA ULECIA, A., «El papel de corredores y escribanos en el cobro de las alcabalas», *Historia. Instituciones. Documentos*, n.º 13, 1986, pp. 89-110.

saquen prendas y pena», y cargar los gastos de permanencia del ejecutor, cuyo salario diario fue fijado en dieciocho reales, que serían abonados por los moradores que no cumplieran con sus deberes fiscales[241].

A mediados del siglo XVII, en 1655, tras el edicto publicado por el escribano del estado de Órgiva, con residencia en Albacete, no hubo ningún postor que quisiera hacerse cargo del cobro de las alcabalas de Albacete y lugares de su taha; por ello, el gobernador y alcalde mayor, Juan Merino de Aranda, nombró como recaudador del citado impuesto al vecino de la capital del señorío Diego Gonzales Villaredo, para el cobro, por administración, de las alcabalas del citado año y su continuidad en los posteriores.

Tres años después, el 2 de enero de 1658, el gobernador del estado de Órgiva, al no haber recibido por parte del citado gestor los importes de las liquidaciones correspondientes de las precedentes anualidades, solicitó los expedientes existentes en el libro de cuentas y razón, de carácter obligatorio, a fin de comprobar el estado de los ingresos[242].

En el siguiente cuadro aparece reflejado el número de contribuyentes o tributarios correspondiente a los vecinos residentes en el señorío, así como las cantidades abonadas por estos.

---

[241]   A. H. A. O.
[242]   A la alcabala que gravaba al jabón se la denominaba almona.

Cuadro n.º 11
Número de vecinos y su contribución a las alcabalas en el estado de Órgiva en 1655

Lugar	Número de contribuyentes	Importe en reales
Albacete de Órgiva	132	687
Barja	7	31
Bayacas	17	52
Benizalte y Pago	7	38
Busquístar	49	129
Cáñar	72	189
Carataunas	19	52
Soportújar	44	96
Sortes	2	10
Total	349	1.284

Fuente: A. H. A. O.

Entre los tributarios que destacan por su mayor aportación en Albacete encontramos a Pablos de Osorio con cuarenta y dos reales, Juan Fernández con dieciocho y Salvador Gutiérrez con dieciséis, respectivamente; en Barja Francisco Delgado abonó dieciséis reales, y en Benizalte Sebastián Díaz la misma cantidad. La mayoría de los moradores contribuyeron con cuantías de un solo dígito. Las tres personas citadas aparecen igualmente mencionadas como las que más aportaron en los años sucesivos. En el siguiente cuadro mostramos los importes que abonaban los establecimientos preindustriales[243].

Cuadro n.º 12
Alcabalas del estado de Órgiva en 1655
Actividades mercantiles y diezmos

Lugar	Actividad	Importe en reales
Albacete	Tienda	200
Albacete	Carnicería	260
Albacete	Mesón	200
Albacete	Jabón	100
Albacete	Mercado	288
Cáñar	Tienda	77
Cáñar	Carnicería	120
Soportújar	Carnicería	100
Iglesias	Diezmos	200
Total		1.545

Fuente: A. H. A. O.

El importe total de las alcabalas del mayorazgo de Órgiva correspondientes al año 1655 alcanzó la cifra de 2.829 reales[244]. En

---

[243] Los minerales empleados para la elaboración de las monedas eran el oro, la plata y el cobre.

[244] Moneda española que ha tenido diferentes valores. La que últimamente corrió era de cobre.

la siguiente anualidad, su cuantía bajó a 2.429. De esta cantidad, 1.172 correspondían al impuesto abonado con carácter individual y el resto, 1.257 reales, a actividades mercantiles y diezmos. La recaudación de la partida denominada alcabala del viento, por valor de cuarenta reales, había bajado mucho con respecto al año anterior, en el que había alcanzado la cifra de 288 reales, circunstancia que llamó mucho la atención del gobernador, si bien el administrador confesó por escrito que: «(...) y así lo certifico y juro, a Dios y a una cruz, no aber sacado más la dicha alcavala del viento»[245].

En la anualidad de 1657, la recaudación alcanzó la cifra de 2.504 reales. De ellos, 1.296 corresponden a actividades comerciales y 1.208 a ingresos aportados por sus vecinos. Las cuentas de este año incluyen como novedad una partida denominada alcabalas de los tejeros, por importe de veinte reales, y otra correspondiente al ingreso por la almoneda, por ochenta y ocho. Las cuantías correspondientes a las tres anualidades que habían estado retenidas por el administrador fueron entregadas por orden del gobernador al marqués de Valenzuela y, ante la no concurrencia de ningún postor para el cobro de este tributo en años posteriores, continuó en el cargo el citado gestor.

Casi un cuarto de siglo después, en 1681, el importe de lo recaudado por el referido impuesto había experimentado una apreciable subida, pues alcanzó la cifra de 3.894 reales, si bien encontramos nuevos ingresos sobre actividades que no contribuían

---

[245]   A. H. A. O. El impuesto de la álcabala del viento lo pagaban los mercaderes foráneos por las ventas que realizaban en los mercados de la localidad. También abonaban este impuesto las transacciones realizadas entre los vecinos del lugar donde se realizaba la feria y los forasteros.

con anterioridad, como el tributo sobre los cueros o pellejos de los animales, curtidos o sin curtir, denominado colambre o corambre, el excusado y el voto de Santiago.

Cuadro n.º 13
Alcabalas abonadas por los vecinos
del estado de Órgiva en 1681

Lugar	Vecinos	Importe en reales
Albacete de Órgiva	151	786,5
Barja	15	46
Bayacas	27	93
Benizalte	7	36
Busquístar	39	133
Cáñar	84	266
Carataunas	36	108
Soportújar	59	193
Sortes	8	30
Totales	426	1691,5

Fuente: A. H. A. O.

Cuadro n.º 14
Alcabalas abonadas en 1681 en el estado de Órgiva por actividades diversas

Nombre	Lugar	Gestión	Reales
Diego Muñoz	Cáñar	Tienda	130
Agustín González	Albacete	T. de ropa	33
Juan Carrillo	Albacete	Tienda	33
Juan de Vílchez	Carataunas	Tienda	90
Juan Valdés	Soportújar	Tienda	90
Juan de Santos	---	Tienda	77
Agustín Muriel	---	---	70
Pedro Martín Gadeo	Cáñar	Diezmo	150
Francisco Pérez	Bayacas	Diezmo	66
D. Juan García	Albacete	Diezmo	100
D. Juan García	Soportújar	Diezmo	50
D. Juan García	---	T. alpargatas	30
Gerónimo Marques	Busquístar	Diezmo	50
Juan de Poveda	---	Escusados	30
Diego Cabrera	Albacete	Colambre	250
Diego Cabrera	Carataunas	Colambre	60
Juan Fernández	Soportújar	Colambre	100
Antonio Piqueras	Albacete	Almona	200
Hernández el gallego	Cáñar	Carnicería	150
---	---	El voto	50
---	Albacete	Alc. viento	400
Total			2.209

Fuente: A. H. A. O.

Los derechos de agnación conllevaron que, a mediados del siglo XVIII, se produjese un nuevo cambio de la titularidad del mayorazgo, entrando en la posesión del estado de Órgiva el conde de Sástago. En el citado *Libro Becerro de Órgiva* aparecen los ingresos percibidos por el señor de Órgiva y los importes recaudados por alcabalas al comienzo de la segunda mitad del siglo XVIII en el conjunto del mayorazgo, que exponemos el siguiente cuadro.

Cuadro n.º 15
Importe de las alcabalas en los lugares
del mayorazgo de Órgiva en 1732

Lugar	Importe en reales de vellón
Albacete de Órgiva	2.240
Barja	84,5
Bayacas	71
Benizalte y Pago	27
Cáñar	508
Carataunas	283
Busquístar	303
Soportújar	270
Total	3.783,5

Fuente: L. B. O.

Entre las concesiones de los monarcas Fernando e Isabel a Gonzalo Fernández de Córdoba se encontraba, como dijimos, un juro sobre las alcabalas por importe de 250.000 maravedís. Esta imposición fiscal la empezó a abonar la población de cultura musulmana a partir de su conversión forzada al cristianismo. La rebelión de 1568, unida a la falta de cultivo de los campos, supuso la desaparición, en gran parte, de la producción agrícola[246]. La consiguiente tala de su arbolado, en especial de los morales y moreras, redujo la producción de seda «porque solían cojer cada año, antes del rebelión, setenta mil libras y más, de presente se cojerá como diez y ocho mil»[247]. En el informe elaborado en mayo de 1586 se dice:

> (…) con todo esto no está acavada de sentar la población, y los vezinos que an quedado son los más pobres, y por no tener en otras partes donde poder acomodarse[248].

Ante tal crisis económica y la dificultad para subsistir de la población asentada en las tierras del desarraigado pueblo morisco, la monarquía se vio obligada a suspender el impuesto de la alcabala por un periodo de veinte años. No obstante, una vez finalizado el periodo, y debido a la persistencia general de la miseria, la suspensión del pago del tributo fue prorrogada por otras doce anualidades.

El derecho del juro estuvo segregado del mayorazgo a partir de 1693, por su incorporación a la Real Hacienda. Tras la

---

[246]   A. G. S., Cámara de Castilla, leg. 2.193, s. f. «Es que desde que se començó la población de las dichas Alpujarras an concurrido a ellas más de quinze mil vezinos, que an benido y bueltose, respeto de la ruina que an hallado y hallan en la tierra, así de casas como de heredades y árboles».

[247]   *Idem.*

[248]   *Idem.*

toma de posesión del conde de Sástago como nuevo titular del privilegio en 1730, este solicitó a la Corona la devolución de la citada prerrogativa sobre las alcabalas concedida a su predecesor el Gran Capitán. La petición fue aceptada por el monarca, y su Consejo de Hacienda volvió a reintegrar el derecho suspendido en agosto de 1732:

> *(…) y habiendo, su excelencia, tomado possesión de ellas, se convino con los conzejos de dichos lugares, en que por este año contribuiesen a su excelencia con lo mismo que havían pagado hasta aquí, a los recaudadores de rentas reales, y otorgaron todos sus escrituras por ante Francisco de Zéspedes Buesso, escribano de esta villa, en veinte y ocho y veinte nueve de henero deste año y ha de pagar esta villa dos mil doscientos y quarenta reales de vellón[249].*

En el verano de 1710, el «Concejo, Justicia y Regimiento» de la villa de Órgiva, constituido por los alcaldes, Miguel Romero y Francisco Bueno, juntamente con el regidor Luis Jiménez, ante la deuda que mantenían los vecinos de la villa con la Corona por unos atrasos relativos al impuesto de las alcabalas, propuso que mediante votación se decidiese si querían añadir un nuevo diezmo o un repartimiento. El total de participantes fue de ochenta; de ellos, sesenta y cuatro optaron por la primera de las propuestas, en tanto que dieciséis prefirieron la segunda[250].

---

[249]   L. B. O., fol. 147 r-v.
[250]   A. H. A. O.

1.2. Diezmos

La palabra *diezmo* viene del latín *decimus,* diez[251]. Era un impuesto con dos vertientes: el eclesiástico, aplicable a todos los productos agrícolas obtenidos por los agricultores y ganaderos; y el civil, que se imponía a todas las mercancías que arribaban a puerto, diezmo del mar o por tierra, así como del denominado puerto seco, además del conjunto de productos que entraban, salían o circulaban entre los distintos reinos o territorios[252].

Como consecuencia de los acuerdos tomados en el Concilio de Trento, la Iglesia fijó por decreto la normativa general que debía seguirse en el pago de los diezmos, incluyendo las penas a aplicar a los contraventores de los citados preceptos, entre las que se incluía la máxima sanción desde el punto de vista eclesiástico, la excomunión[253]. Entre los principales fines a los que estaba destinado este impuesto se hallaban el susten-

---

[251]   Entre la bibliografía existente sobre el tema debemos citar a DOMÍNGUEZ ORTIZ, A., *La sociedad española en el siglo XVII.* Consejo Superior de Investigaciones Científicas, Madrid, 1964; LARA RAMOS, A., *Iglesia y poder: propiedad y diezmos en la crisis del Antiguo Régimen. Guadix y su obispado (1750-1800),* Universidad de Granada, 2001; MARTÍN RIEGO, M., *Diezmos eclesiásticos, rentas y gastos de la mesa arzobispal hispalense (1750-1800),* Caja Rural de Sevilla, 1990, y MUÑOZ DUEÑAS, M. D., *El diezmo en el obispado de Córdoba (1750-1845),* Cajasur, Córdoba, 1988.

[252]   El Concilio de Trento fijó mediante decreto la normativa general que debía seguirse en el pago de los diezmos, señalando las penas por su incumplimiento, incluida la excomunión. En la *Novísima recopilación,* ley II, título VI, libro I, se dice: «Los diezmos son para el sustentamiento de las iglesias, prelados y ministros de ella, y para ornamentos, y para limosnas de los pobres en tiempos de hambre, y para servicios de los Reyes y pro de su tierra y de si quando menester es».

[253]   MARCOS MARTÍN, A., «De nuevo sobre los diezmos. La documentación decimal de la diócesis de Palencia: problemas que plantea», *Investigaciones Históricas. Época Moderna y Contemporánea,* n.° 4, 1983, pp. 99-122.

to de la Iglesia, sus prelados y ministros, las obras de fábrica, ornamentos, limosnas para los pobres y el servicio de los reyes. En la Edad Media este tributo alcanzó su máxima expresión por sus características, que sus defensores legitimaban, pues le atribuían un origen divino[254].

La legislación civil también se ocupó de estas cuestiones, pues la Corona tenía una importante participación en los diezmos, en virtud de las concesiones eclesiásticas[255]. La Iglesia, a través de las bulas papales, concedió a los reyes de España parte de lo que le correspondía como derecho multisecular. El profundo enlace existente en esta época entre el trono y el altar se acentuó con el reparto de los diezmos en el reino granadino a través del derecho de patronato[256]. El diezmo se dividía en tres partes llamadas tercios, uno para la Iglesia, jurídicamente personalizado en el arzobispo, otro para el rey y el tercero para el clero local, la parroquia del lugar o villa, que era la encargada de recibir y repartir el tributo. Este impuesto era de carácter general para todos los súbditos del rey, cristianos viejos, mudéjares y posteriormente moriscos, y alcanzó grandes sumas en el mayorazgo, como podemos ver en el siguiente cuadro.

[254]　BRAVO CARO, J. J., «El arrendamiento de los diezmos del obispado malagueño en el siglo XVI», *Baetica. Estudios de Arte, Geografía e Historia,* n.º 12, 1989, pp. 175-185.

[255]　La ley II, título IV, libro I de la *Novísima recopilación* justifica la participación de la Corona.

[256]　BENÍTEZ SÁNCHEZ-BLANCO, R., «El diezmo de moriscos en el obispado de Málaga», *Estudis,* n.º 4, 1975, pp. 163-179.

Cuadro n.º 16
Diezmos del señorío en 1732

Poblaciones	Importe en reales
Albacete y Benizalte	36.000
Barja y Cáñar	12.000
Bayacas y Carataunas	6.000
Busquístar	8.000
Soportújar	7.000
Total	69.000

Fuente: L. B. O.

1.3. FIEL MEDIDOR

Fiel medidor o almotacén era la persona encargada de que se hicieran las cosas con la exactitud y legalidad que exige el servicio público, vigilando el cumplimiento de los preceptos legales o de las órdenes de la autoridad[257]. El impuesto del mismo nombre se creó juntamente con el servicio de los millones y, normalmente, consistía en el pago de cuatro maravedís por cada cántaro o arroba de vino, vinagre o aceite que se aforara, midiera, pesara o consumiera. El 27 de agosto de 1734, los alcaldes Miguel Fernández y Cristóbal Rodríguez, junto con el regidor

---

[257] Podía ser un cargo electivo, arrendado o comprado a la Corona (perpetuo). Este cargo también era conocido como medidor, fielazgo, administrador del peso o mayordomo. Estuvo arrendado hasta 1749. A partir de esta fecha, pasó a ser administrado por la Corona.

mayor, José Fernández Montero, reunidos en concejo, acordaron repartir el pago que le correspondía a la villa de Albacete por el cuarto fiel medidor, para lo cual nombraron como repartidores a dos vecinos de la localidad. El total de la cantidad a recaudar se elevaba a la cifra de 494 reales, 466 que le correspondían al cuarto fiel medidor y veintiocho a los alcaldes por el 6 % que la legislación les otorgaba. Como contribuyentes de la villa de Albacete que abonaron una mayor cuota estaban doña Alfonsa de Aguilar, con sesenta y cuatro reales, doña María Herrera con treinta y uno y Francisco Gutiérrez y Bartolomé Álvarez con veintiuno cada uno.

Este impuesto estuvo arrendado hasta 1749 y a partir de esa fecha pasó a ser administrado por la Real Hacienda. Había sido establecido durante el reinado de Felipe IV para la remonta de caballería, y terminó destinado exclusivamente al uso privado del rey. En el siguiente cuadro relacionamos la aportación que correspondió a la villa y demás lugares del señorío a mediados del siglo XVIII.

Cuadro n.º 17
Fiel medidor

Población	Importe en reales de vellón
Albacete de Órgiva	460
Barja	20
Bayacas	22
Benizalte y Pago	24
Cáñar	60
Carataunas	48
Soportújar	50
Busquístar	60
Total	744

Fuente: L. B. O.

El concejo de la villa de Albacete, en su reunión celebrada el 22 de diciembre de 1721, constituido por los alcaldes, José Martín de Rojas y Juan Bueno, y los regidores José Romero y Juan Fernández Salzedo, debido a la próxima finalización de sus respectivos cargos, acordó convocar para que presenciasen las deliberaciones a los dos vecinos nominados para la siguiente anualidad, a fin de acordar y repartir «el derecho de fiel meidor y gastos que a tenido este consejo»[258].

El reparto se realizó entre un total de 187 contribuyentes y el cómputo dinerario repartido alcanzó la cifra de 434 reales. No

---

[258]   A. H. A. O.

a todos los tributarios se les asignó la misma cantidad a abonar, pues a 120 sólo les correspondió un real. La aportación de los restantes osciló entre los dos reales y los quince. Casos destacados fueron los de don Pedro Borraz, con dieciséis reales, y los de doña Tomasa Montero y José Martín, con quince, respectivamente.

El total de la cantidad distribuida, 210 reales, fue destinado al rey por el derecho de «fiel meidor»; veinticinco reales por conducción y cobranza; otros veinticinco para el escribano por la elaboración del memorial, los borradores, sacar copia para la cobranza y protocolarlo. Los 224 reales restantes se aplicaron de la siguiente forma: nueve para los portadores de tomar la razón de las cartas de pago de la peste; otros siete de la persona que vino a avisar de que no anduviesen caballos con aparejos redondos; cuarenta y cinco de dos viajes que realizó el alcalde Juan Bueno a Gualchos, a llevar el dinero del utensilio y las camas para las compañías; seis para el mensajero Juan Esteban; veinte para el pago de un pleito con Gualchos; veintiuno de gasto en el mesón de los detenidos para llevar el regimiento; veinte de conducir el dinero de las bulas a Granada; sesenta en el pleito con la gente de Gualchos, en Motril, sobre las camas de más que estos últimos pedían; doce de «una bereda de lobos que se dio a Juan Esteban», y los veinticuatro que sobraron para acabar de pagar el papel sellado del concejo orgiveño[259].

1.4. Millones

En el siglo XVI se instauraron varios impuestos que perduraron a lo largo del tiempo. El denominado servicio de los

---

[259] A. H. A. O.

millones, considerado en principio como una concesión de las Cortes de carácter voluntario, fue implantado por Felipe II para sufragar las pérdidas sufridas por el desastre de la Armada Invencible. Aunque fue calculado en diez millones de ducados, las Cortes sólo concedieron un total de ocho, para abonar a lo largo de seis años, si bien permaneció vigente hasta su desaparición en la centuria del XIX[260]. Su continuidad fue una consecuencia de la necesidad que tuvo la Corona de recaudar fondos para financiar los distintos frentes bélicos en que estuvo inmersa. La instauración del citado impuesto, de carácter igualitario para todos sus súbditos, incidió sobre los siguientes alimentos: vino, aceite, vinagre, jabón, carne y las velas de sebo. Contribuyó al empobrecimiento de la población castellana más desfavorecida, mayoritaria en la época, dadas las grandes desigualdades sociales existentes.

El donativo debía ser abonado por todos los vecinos de los tres estamentos sociales, sin distinción: nobleza (hidalgos y títulos de la Corona), tercer estado (pecheros) y el eclesiástico (clero secular y regular). Sólo se excluyó a la orden mendicante de los franciscanos. La principal característica de este servicio de los millones fue su universalidad[261]. El clero regular contaba con cierta ventaja, pues cada diez religiosos contaban por un vecino. El impuesto fue renovado por las Cortes a partir del

---

[260] Contribuciones extraordinarias como precedentes de este tributo existieron en la Edad Media. En el siglo XVI las Cortes de Madrid del año 1528 otorgaron un servicio de doscientos millones de maravedís al emperador Carlos I. El servicio de millones permaneció en vigor hasta la reforma tributaria de 1845.

[261] El importe solicitado en maravedís, casi tres mil millones, era desorbitado para la época.

último año de su vencimiento y terminó por convertirse en un tributo fijo.

Los millones eran servicios, desde un punto de vista legal, y las Cortes de Castilla se reservaban el control de su administración a través de la comisión de millones. Eran ayudas de carácter temporal, aunque renovables, concedidas por la citada institución, y su recaudación se destinaba a un gasto determinado; sin embargo, terminaron por convertirse en impuestos ordinarios. Esta nueva contribución supuso un mayor empobrecimiento de la población a lo largo del siglo XVII, ya que incidió en la subida del precio de los alimentos. Su incumplimiento por parte de los contribuyentes conllevaba la cárcel. En un testimonio de Juan Méndez Salvatierra, vecino de Albacete, dado desde la cárcel de Órgiva por no dar parte de las partidas de aceite y el consiguiente impago del tributo correspondiente a los años 1640, 1641 y 1642, el solicitante exponía que una parte de la producción fue entregada a dos moradores de dicha villa y una arroba a Bartolomé de Vílchez, propietario de la tienda de Soportújar[262].

A continuación pormenorizamos, en el siguiente cuadro, las cantidades dinerarias que aportaban a la Real Hacienda cada uno de los lugares del señorío y la villa de Órgiva en 1725.

---

[262] A. H. A.O.

Cuadro n.º 18
Millones

Población	Importe en reales de vellón
Albacete de Órgiva	8.000
Barja	550
Bayacas	340
Benizalte y Pago	153
Cáñar	2.800
Carataunas	1.680
Soportújar	2.240
Busquístar	2.000
Total	17.683

Fuente: A. H. A. O.

1.5. Sisas

La sisa era un antiguo impuesto que se cobraba sobre los comestibles acortando las medidas, es decir, restando o sisando en el peso y medida de numerosos productos de consumo, en beneficio de las arcas reales, de donde se deduce el nombre que recibió[263]. Esta contribución, en un principio, equivalía a la octava parte de cada cántara de vino, vinagre y aceite, un maravedí por cada libra de carne y un real por cada cabeza de ganado

---

[263] SAINZ RIPA, E., «Reacción de los eclesiásticos logroñeses ante el impuesto de la sisa en los siglos XIV-XVII», en *Segundo coloquio sobre historia de La Rioja,* Universidad de Zaragoza, Colegio Universitario de La Rioja, Logroño, 1986, vol. 2, pp. 101-110.

sacrificada en los rastros. Esta imposición fue evolucionando en su cuantía a lo largo de los años. A partir del bienio 1656-1657 se impusieron nuevos gravámenes, pues, además de los octavos citados, se implantó un canon de sesenta maravedís por cántara de vino, treinta y dos por la de vinagre, cuarenta y ocho por la correspondiente al aceite y ocho a cada libra de carne.

Francisco Muñoz, residente de Órgiva y arrendador de las sisas del vino, el aceite y el ganado rastreado durante el bienio 1640-1642, periodo que finalizaba en el mes de septiembre del último año citado, denunció que muchos vecinos de la villa no le habían dado cuenta del consumo de vino y aceite perteneciente al precedente periodo de tiempo, y en algunos de los casos, aun cuando sí lo hicieron, había percibido algún fraude en las liquidaciones, por lo cual le debían gran cantidad de maravedís, a pesar de haber recurrido a la justicia local:

> *(…) digo que munchos beçinos de la dicha villa, no an dado quenta de el bino y açeite que an consumido en los dichos tres años, y me están debiendo muncha cantidad de maravedís y aunque e hecho diligencias ante la justiçia de la dicha villa no e podido conseguir la cobrança, suplico a vuestra merced mande despachar executor a costa de los dichos deudores[264].*

El tributo de la sisa, aunque de aplicación general, tenía sus excepciones:

---

[264] A. H. A. O.

(…) el licenciado Miguel Jerónimo cura desta villa y mayor-domo de la fábrica menor de la yglessia, digo: que neçesita la dicha yglessia de seis arrobas de bino para el gasto del culto dibino, los que tengo comprados de la cosecha de María Magdalena, viuda, veçina desta villa, a vuestra merced suplico mande que la suso dicha me lo entregue libres de todas sisas y derechos, conforme a las órdenes de su santidad y del rey nuestro señor, y se le dé recaudo para que se le descuenten de su aforo[265].

1.6. CIENTOS

Este impuesto fue instituido por la Corona en 1629. En principio, constituía una elevación porcentual del tipo teórico de las alcabalas. Se proponía por las Cortes y era sancionado por el rey para cubrir determinados servicios. Al unirse fiscalmente con la alcabala, se perpetuó en el tiempo. Durante los primeros años esta contribución alcanzó el 1 % en el precio de venta de cada producto, si bien llegó hasta el 4 % de las cosas que se vendían y pagaban alcabala, para abonar uno de los dos servicios de millones que estaban en vigor. Su principal propósito fue completar los rendimientos de los citados tributos en los años 1639, 1642 y 1656.

Tras la Revolución francesa y el cambio que conllevó en las mentalidades europeas, en España se impuso lo que se ha denominado el régimen liberal. Ello conllevó la desaparición de los impuestos medievales, en su mayoría de carácter indirecto,

---

[265] *Idem.* En el auto emitido en 1660 por el administrador de los reales servicios de millones, se ordena que «se le vaxen del cargo que le está fecho del dicho bino a la suso dicha, y del tome razón Juan Francisco Ximénez, fiel de los libros de su fieldad para que en todo tiempo conste».

y la nobleza comenzó a pagar a la Hacienda pública, si bien el pueblo llano no vio cumplidas sus esperanzas de conseguir el establecimiento de un sistema fiscal justo[266].

Cuadro n.º 19
Importe de los cientos en 1733

Población	Importe en reales de vellón
Albacete de Órgiva	2.750
Barja	240
Bayacas	56
Benizalte y Pago	137
Cáñar	750
Carataunas	331
Soportújar	450
Busquístar	550
Total	5.264

Fuente: L. B. O.

1.7. SAL

La sal ha sido un producto fundamental para la conservación de los alimentos (salazón de carne y pescado) a lo largo de la historia de la humanidad. Nuestros antepasados la obtenían prin-

---

[266] ANDRÉS UCENDO, J. I., *La fiscalidad en Castilla en el siglo XVII: los servicios de millones (1601-1700)*. Universidad del País Vasco, Bilbao, 1999.

cipalmente mediante su extracción de canteras o la evaporación del agua del mar en las denominadas salinas. La importancia de este alimento la denota el hecho de que en ocasiones los soldados del Imperio romano percibían su soldada en sal, término de donde procede el vocablo *salario*. La significación económica de este producto y su fácil control fueron aprovechados por la realeza como fuente de ingresos para constituir el monopolio de la sal.

Este alimento fue considerado durante cierto tiempo el eje principal del sistema recaudatorio, donde la Corona creyó encontrar la fórmula para llenar sus vacías arcas. El impuesto de la sal lo percibía la citada institución mediante su arrendamiento o en régimen de administración. El reparto se realizaba por los cabildos de las ciudades, villas o lugares, de acuerdo con las normas emanadas de la monarquía, teniendo en cuenta el número y caudal de los vecinos, además del patrimonio de cada uno[267]. El repartimiento debía empezar por los regidores, continuando por los moradores más ricos.

A la grave crisis económica que comenzó con Felipe II, y se agravó en el siglo XVII por los excesivos gastos de la monarquía, se unieron las malas cosechas, las epidemias y el estancamiento de los precios debido a la disminución de las remesas de metales procedentes de América.

Con la entrada en vigor, el 1 de enero de 1631, del nuevo sistema impositivo sobre la sal, establecido durante el reinado de

---

[267]	En 1698 fue nombrado por el concejo de Albacete como encargado, de obligado cumplimiento, del repartimiento de la sal Bartolomé Sánchez de Ulloa. Sin embargo, este vecino suplicó a la justicia de la villa ser relevado del cargo, pues su avanzada edad, setenta y tres años, le eximía de ejercer tal nombramiento, ya que a los sesenta años se consideraba a una persona jubilada. A. H. A. O.

Felipe IV, se amplió la normativa sobre este producto y el reino de Castilla se dividió en varios partidos para un mejor control de este alimento[268]. La sal, como se ha mencionado, fue uno de los ejes principales del sistema recaudatorio, donde la realeza creyó encontrar la fórmula para llenar sus mermadas arcas.

El valido de Felipe IV, el conde-duque de Olivares, presidente del Consejo de Castilla, promovió una reforma fiscal de duración efímera, cuya finalidad era recomponer el sistema impositivo. Pretendía sustituir el servicio de los millones por un nuevo impuesto a la sal. Para ello, el rey emitió una Real Cédula con el fin de realizar el censo de la sal en los territorios de la Corona de Castilla[269].

Las salinas distribuían la sal a los diferentes alfolís y estos, a su vez, a las poblaciones limítrofes. Este condimento formaba parte de los monopolios de la Real Hacienda, pues era considerado un producto de primera necesidad, imprescindible como conservante. El grueso de este impuesto, siguiendo la tradición, recayó en el estado llano. De ello era consciente el Consejo de Hacienda cuando decía que «cargando este peso sobre los más pobres, cediendo todo el aprovechamiento a favor de los más ricos, por la mano que tienen y fraudes que hacen en la administración»[270].

---

[268] El censo de la sal de 1631 ha sido publicado por el Instituto Nacional de Estadística (INE) en 2012 con un estudio de M. I. Rodríguez Bañuelos.

[269] GARCÍA ESPAÑA, E., «Censos de población españoles», *Estadística Española,* n.º 128, 1991, pp. 441-500.

[270] A. H. N., Sección Nobleza, Osuna, C. 571., D. 80-84, transcrito en *Censo de la sal 1631. Tomo I. Vecindario,* INE, Madrid, 2012. p. III. Los pecheros eran los súbditos pertenecientes al estamento más bajo de la sociedad, sobre los cuales recaía el pago de rentas y tributos.

La renta de la sal o monopolio de la sal era un derecho de la realeza, que se beneficiaba de los ingresos procedentes de la explotación, fabricación y venta de este producto. En 1631, al precio asignado por fanega de este producto se añadían ocho reales por tributos antiguos, un real y medio de administración y medio de fábrica.

El concejo de la villa de Albacete de Órgiva, reunido en su ayuntamiento el 3 de julio de 1646, acordó el reparto de las noventa fanegas de sal que tenía asignada la villa para el siguiente año[271]. La medida de su distribución aparece reflejada en cuartillas, es decir, la cuarta parte de una fanega, no existiendo en la relación ningún morador con una asignación inferior a una. Esta cantidad fue distribuida entre 123 vecinos, cuyos nombres aparecen reflejados en el acta levantada por el escribano. Todos ellos eran varones, con la excepción de una mujer, pues se trataba de una viuda.

En el documento consta la cantidad de este producto que se le adjudica a cada uno, destacando el vecino Salvador Gutiérrez, al que se le asignaron cinco fanegas, que equivalen a veinte cerrumas o cuartillas. Igual cantidad se señaló a la panadería, de la que no se cita el nombre de su propietario[272]. A los vecinos Juan Pérez de Córdoba, Diego Román, Pedro Martín Montero y Bartolomé de Valdespina les fueron adjudicadas seis cuartillas[273]. El importe total cobrado alcanzó la cifra de 8.280 reales.

---

[271]   A. H. A. O. El Concejo de Justicia y Repartimiento de Albacete estaba constituido por los alcaldes Diego García de Vellugas y Cristóbal Rodríguez. Sus regidores eran Juan Martín Montero y Pedro de Molina.

[272]   *Idem.*

[273]   *Idem.* En la villa de Albacete sólo se conservan documentos relativos al reparto de la sal de los siguientes años: de 1650 a 1652, de 1681 a 1698, de 1725 y terminan los escritos en 1729.

En 1650, Melchor Rodríguez de Baras, escribano público del rey y de sus reales rentas de la hagüela, certificó que Andrés Camacho, alcalde ordinario de la villa, le entregó 550 reales de vellón por cuenta de la sal correspondiente a la paga de Navidad del anterior año. En la siguiente anualidad, el recaudador regio deja constancia de la entrega de 1.550 reales que, en nombre del concejo de Albacete de Órgiva, le hizo Andrés Gutiérrez a cuenta de lo que la citada villa debía de la sal de acopiamiento hasta el día de san Juan del año anterior. En el cabildo celebrado el 6 de junio de 1658 se distribuyeron 320 cuartillas, es decir, ochenta fanegas, entre 116 vecinos. El más destacado, con cinco cuartillas, fue Juan Pérez de Córdoba. En 1682, el concejo de Albacete, constituido por los alcaldes José Funes y Juan del Caño, junto con el regidor Antonio Tello, repartió 115 fanegas de sal entre 142 vecinos. Al año siguiente, el nuevo consistorio, formado por los alcaldes Julián Martín y Pedro Gadeo y los regidores Juan Pedrosa y Cristóbal Gutiérrez, prorrateó 112 fanegas entre el mismo número de vecinos.

En la reunión celebrada en el ayuntamiento orgiveño el 12 de febrero de 1726 se repartieron 352 cuartillas de sal, es decir, ochenta y ocho fanegas, entre un total de 138 vecinos. La cantidad de sal repartida y el número de vecinos apenas habían sufrido variación a lo largo de este periodo de tiempo. El reparto más común en este año era de una o dos cuartillas por cabeza de familia, si bien encontramos bastantes partidas de cuatro, algunas de seis y ocho y en dos casos veinticuatro[274].

El 28 de marzo de 1729, el concejo de la villa de Albacete, constituido por los alcaldes Miguel Fernández y Sebastián Bueno,

---

[274] *Idem.*

juntamente con los regidores Juan Bueno de Enciso y Sebastián Bueno, acordó repartir la sal del acopiamiento entre los vecinos de la villa. Respecto a su cuantía, «suma y monta este repartimiento ciento y treinta fanegas de sal, que son las mismas en que está de acopiado esta villa en cada un año». Un resto constituido por cuarenta y tres cuartillas fue guardado por el vecino José García Moreno. El total de sal se repartió entre los 207 vecinos, uno de los cuales, el denominado «obligado de las carnes»[275], recibió veinticuatro cerrumas.

Por un Real Decreto expedido el 10 de junio de 1761, al ya oneroso gravamen que recaía sobre cada una de las fanegas de sal se le impusieron dos reales de vellón para contribuir a la construcción de canales y caminos a lo largo de los diez años siguientes, comprendidos entre el 1 de julio de 1761 y el 30 de junio de 1771[276], bajo las siguientes condiciones:

> (…) en los pueblos acopiados, han de satisfacer la mitad de las sales de su acopio, en el presente año, al precio correspondiente del día y la otra mitad con el aumento de dos reales en cada fanega[277].

Esta medida se aplicaría sólo durante los seis meses siguientes a la publicación de este decreto. Durante los nueve años y medio restantes, el incremento de los dos reales era aplicable a la totalidad de la sal.

---

[275] El obligado era la persona a cuya cuenta corría el abastecimiento a un pueblo o ciudad de algún género (*Diccionario de la lengua española*, RAE). En este caso, el carnicero.

[276] A. H. A. O.

[277] *Idem.*

Cuadro n.º 20
Reparto de la sal correspondientes al mayorazgo (año 1732)

Población	Fanegas	Importe en reales
Albacete de Órgiva	130	2.860
Barja	30	660
Bayacas	13	256
Benizalte y Pago	6	132
Cáñar	91	2.002
Carataunas	53	1.166
Soportújar	55	1.210
Busquístar	61	1.342
Total	439	9.628

Fuente: L. B. O.

Cada fanega de sal pagaba veintidós reales. En la relación no figura el poblado de Sortes, pues en esa fecha sus vecinos habían abandonado sus viviendas y residían en la villa de Albacete[278].

1.8. SEDA

El cultivo del moral, blanco o negro, y posteriormente de la morera a partir del siglo XVI poblaba en gran cantidad las vegas aledañas a los centros de población alpujarreños, forman‐

---

[278] A H A O

do bosques en la cara sur de Sierra Nevada[279]. La extraordinaria composición en minerales de sus tierras, la abundancia de agua y el clima imperante propiciaban el cultivo de los citados árboles. La excelente calidad de la seda obtenida, junto con su alto y constante valor, ha caracterizado durante siglos a la comarca de la Alpujarra.

Todo investigador interesado en el conocimiento de la historia de esta comarca, tanto social como económica, durante las épocas musulmana, morisca o cristiana no puede obviar el estudio de la seda y su importancia para el productor, dados los ingresos dinerarios que le aportaba, si bien era la Real Hacienda quien, a través del riguroso y bien controlado monopolio, percibía uno de sus mayores ingresos en estas tierras[280].

La Corona, a través de las minuciosas ordenanzas emitidas, imponía a las justicias de cada lugar la vigilancia de su estricto cumplimiento, obligando a los productores a registrar el núme-

---

[279] Entre los autores que han estudiado la seda en el reino de Granada, citamos a aquellos que consideramos más destacados: BEJARANO ROBLES, F., *La industria de la seda en Málaga durante el siglo XVI*, Instituto de Economía Sancho de Moncada, Madrid, 1951, pp. 120-166; GARRAD, K., «La industria sedera granadina en el siglo XVI y su conexión con el levantamiento de la Alpujarra (1568-1571)», *Miscelánea de Estudios Árabes y Hebraicos,* vol. 5, 1956, pp. 73-104; GARZÓN PAREJA, M., *La industria sedera en España. El arte de la seda en Granada,* Gráficas del Sur, Granada, 1972; CORTÉS PEÑA, A. L. y VINCENT, B., *Historia de Granada, III. La época moderna, siglos XVI, XVII y XVIII,* Don Quijote, Granada, 1986; GARCÍA GÁMEZ, F., «Seda y repoblación en el reino de Granada durante el tránsito de los siglos XVI y XVII», *Chronica Nova,* n.º 28, 2001, pp. 221-255, y «La seda del reino de Granada durante el segundo proceso repoblador (1570-1630)», *Chronica Nova,* n.º 25, 1998, pp. 249-273; SORIA MESA, E., «El negocio del siglo. Los judeoconversos y la renta de la seda del Reino de Granada (siglo XVI)», *Hispania,* vol. 76, n.º 253, 2016, pp. 415-444.

[280] En 1505 la renta de la seda del reino de Granada fue puesta por la Corona como partido único en almoneda y se mantuvo hasta su extinción a principio del siglo XIX.

ro de morales y moreras que poseían, el lugar donde crecían y el registro de las onzas de seda que producían. En el supuesto de que a algún agricultor se le «muriese» toda la seda, debería notificarlo a las autoridades para su comprobación, pues si no lo hacía se le castigaba con fuertes multas. Una vez obtenido este producto, había que especificar su calidad, si era fina u ocal[281]. La persona encargada de su hilado tenía que tener licencia de las Reales Alcaicerías de seda de Granada o Málaga, y durante su hilanza anotar en un libro diariamente las incidencias de su trabajo. El proceso de traslado y venta de este género estaba sometido igualmente a un riguroso y completo control.

Dentro del mencionado territorio, en la taha de Órgiva, según Mármol Carvajal, la calidad de este producto era insuperable[282]. Los estudios de la seda en el reino de Granada son cada vez más abundantes. El lector interesado puede acceder a la amplia bibliografía citada. Por mi parte, he dedicado mi atención a la documentación que poseo relativa a las tierras que constituyeron el señorío de Órgiva[283].

Según el escribano que redactó el *Libro Becerro de Órgiva* a mediados del siglo XVIII:

---

[281]   Ocal es el capullo formado por dos o más gusanos. Su seda es de inferior calidad.

[282]   CARO BAROJA, J., *Los moriscos del reino de Granada,* Istmo, Madrid, 1985, p. 12. Según este autor, en tiempo de Felipe II, del arriendo del derecho real se extraían sesenta y ocho millones de maravedís.

[283]   Por desgracia para los historiadores, durante la invasión francesa el ejército invasor se asentó en la fortaleza de la villa, donde se guardaban todos los documentos de su escribanía. Según la administradora del mayorazgo, gran parte de los documentos fueron destruidos. A. C. A., leg. 70, c.ª 5.ª, n.º 3.

> *La cosecha de la seda es también el principal fruto de todos estos parages, y en esta villa llega algunos años a dos mil libras, de doze años a esta partte aseguran empero a desgraciarse, de suerte que assí como este frutto era el que beneficiaba a los vezinos antes; aora después de haver gastado su sudor en criarla es muy regular el desgraciarse, a la tercera y quarta dormida y se hallan, no solamente con este menoscabo, sino con la frustada esperanza de salir de sus aogos de deudas que contrahen en el año, porque es la hipoteca o fianza en que las aseguran[284].*

En el más que lucrativo negocio de la seda, el profesor Soria Mesa ha dedicado su atención al estudio de la interrelación existente entre las personas dedicadas al comercio de esta actividad. El entramado familiar apreciado, junto con el prácticamente monopolio llevado a cabo por la comunidad judeoconversa a lo largo de decenas de años por los grandes beneficios que se obtenían de su comercio, fue cambiando a lo largo del siglo XVII.

Las grandes familias de comerciantes de la seda granadina, muchas de ellas originarias de la ciudad de Toledo, se habían establecido en la capital del antiguo reino nazarí, finalizada su conquista. Para el citado profesor, «el negocio de la seda, producción, comercialización y administración de la renta, fue un entramado absolutamente dominado por los judeoconversos»[285].

Poseemos el memorial correspondiente a la anualidad de 1695, realizado en el mes de julio. En este año eran alcaldes

---

[284] L. B. O., fol. 79 v.
[285] SORIA MESA, E., «El negocio del siglo. Los judeoconversos y la renta de la seda del Reino de Granada (siglo XVI)», *Hispania,* vol. 76, n.° 253, 2016.

del concejo de la villa de Órgiva Esteban de Escamilla y Diego González, y como regidores figuraban Juan Bueno y Bartolomé Tello. El total de cultivadores de seda alcanzó la cifra de 102 vecinos, destacando como mayores cosecheros Francisco Pérez de Córdoba con cuarenta libras, junto con Marcos Montero y don Antonio González con treinta y cuatro cada uno. El total de libras contabilizadas llegó a las 668,5, incluidas las pertenecientes al diezmo, que fueron cuarenta y cinco[286].

Quince años después, en la reunión de los miembros del ayuntamiento, constituido por los alcaldes Miguel Romero y Francisco Bueno, los regidores Luis Jiménez y Francisco Pérez de Córdoba, el capitán don Marcos Montero, «por lo que toca a los militares», y los nominadores nombrados por el concejo, Juan Fernández Salcedo y Juan Tello, se constata que el conjunto de cultivadores había descendido un 10 %, si bien el total de libras de seda obtenidas fue muy parecido. En este año destacaron como productores don Antonio González con cuarenta y dos libras, Miguel Romero con treinta y cinco, Juan Reyes con veinticuatro y Francisco Pérez de Córdoba, que había bajado mucho en la cantidad cosechada, pues sólo declaró diecinueve[287].

---

[286] Cada libra de seda abonaba dieciséis reales como impuesto.

[287] En el memorial realizado en el lugar de Cáñar en 1728 para hacer el registro de la seda y que cada vecino supiera lo que había de pagar a la Hacienda Real, la cantidad total obtenida de este producto fue de 245 libras y diez onzas. De esta producción, 230 libras eran «para la paga de su Majestad», doce libras y diez onzas estaban destinadas al pago del 6 % y de la conducción a la alcaicería y las tres libras restantes se destinaban para el marchamador encargado de señalar o marcar los géneros o fardos en las aduanas, así como para el escribano encargado de redactar el memorial. A. H. A. O.

Cuadro n.º 21
Producción de seda en el mayorazgo de Órgiva en 1732

Población	Libras	Impuesto en reales
Albacete de Órgiva	600	9.600
Barja	22	352
Bayacas	15	240
Cáñar	230	3.680
Carataunas	169	2.704
Soportújar	108	1.728
Busquístar	190	3.040
Total	1.334	21.344

Fuente: L. B. O.

En el memorial realizado en 1734 por los tasadores de la seda de Albacete, «acordaron hacer el repartimiento de el cabezón de la cría de seda que paga esta villa a su Majestad»[288]. El montante obtenido de los 166 cosecheros fue de 636 libras. De esta cantidad, seiscientas correspondían a la cuota en que estaba acopiada la villa, y de las treinta y seis restantes el 6 % era el pago que se libraba a los alcaldes y demás gastos. En el documento se deja constancia de que se habían rebajado las cantidades pertenecientes a algunos miembros de la Iglesia «por ser la seda de dichos eclesiásticos»[289].

---

[288] A. H. A. O. Entre los mayores criadores de seda se encontraban Rafael de Arenas con dieciséis libras, José Martín con quince y Juan Bueno de Enciso con trece, respectivamente.

[289] *Idem.*

La obtención de seda en las vegas que formaban parte del señorío de Órgiva fue decayendo, aunque lentamente, a lo largo del siglo XVIII[290]. Poseemos los siguientes datos de la villa y de sus lugares anejos, Benizalte y Sortes, correspondientes al último tercio del citado periodo de tiempo.

Cuadro n.º 22
Producción de seda en Órgiva, Benizalte y Sortes

Años	Cosecheros	Libras fina	Onzas	Libras azache	Onzas
1778	152	888	9	728	15,5
1779	88	750	0,5	534	9
1785	156	760	2,5	579	2
1786	160	850	6	693	4,5
1787	129	767	8	591	12,5
1788	64	758	10	587	10,5
1789	76	734	4	551	10
1791	31	564	--	388	14
1792	57	575	13	370	3
1793	48	602	12	472	11

Fuente: A. C. A.

---

[290] La seda azache era la de peor calidad, extraída de las primeras capas del capullo después de quitada la borra.

El número de cosecheros de seda registrados entre 1778 y 1791 disminuyó en un 20 %, y la producción total en el último año citado se había reducido en algo más del 40 %[291].

1.9. SUERTES DE POBLACIÓN

Como ya dijimos, la deportación del pueblo morisco, mayoritario en las tierras que constituyeron el antiguo reino de Granada, conllevó el abandono prácticamente total, durante años, de las labores agrícolas de sus campos. Ante la imperiosa necesidad de recuperar la puesta en producción de las propiedades confiscadas por el delito de lesa majestad o crimen cometido contra la Corona, esta constituyó el Consejo de Población, encargado de crear el aparato administrativo y emitir la legislación necesaria para su pronta repoblación. Ello conllevó el establecimiento del censo enfitéutico o relación contractual agrícola o urbana en las citadas posesiones del reino granadino[292]. Con la totalidad de las propiedades incautadas a los neoconversos se constituyeron las llamadas suertes de población, por el sistema empleado en la adjudicación entre los nuevos pobladores, procedentes en su inmensa mayoría de fuera del reino de Granada, si bien en algunos casos participaron en el reparto cristianos viejos moradores en

---

[291] Al hilo que sale de la maraña de la seda y se hila en la rueca, como el lino, se le denomina hiladillo. En el año 1785 aparecen citadas dieciocho libras y 8,5 onzas de esta clase, en el siguiente veinte libras y ocho onzas y en el consecutivo nueve libras y doce onzas. A. H. A. O.

[292] Censo enfitéutico es la cesión perpetua o por un largo periodo de tiempo del dominio útil de una propiedad mediante el pago de una renta anual al que hace la cesión en concepto de reconocimiento de tal bien.

lugares del reino con anterioridad al levantamiento[293]. Las suertes en el señorío de Órgiva estaban formadas por un habitáculo y porciones de tierra de regadío, secano y viñedo, más el arbolado prioritario en las tierras, los olivos y los morales, procurando que tanto el producto obtenido de los árboles como de sus tierras fuesen equivalentes.

El Consejo de Población determinó que los términos de la villa de Albacete y el lugar de Pago, que se le anexó, fuesen divididos en 130 lotes, cien destinados para vecindad, veinticuatro para ventajas y seis para refaccionar o complementar alguna suerte a la cual se le detrajese cierta porción de territorio por pertenecer a algún cristiano viejo[294]. Para ello, la comisión encargada del reparto configuró los «trances», vocablo aplicado a un territorio de características parecidas, en los cuales a cada uno de los repobladores del lugar se le asignó una parcela[295].

Por tradición oral, esencialmente, la Alpujarra gozaba de ser un territorio próspero. Por consiguiente, fueron muchos los repobladores que acudieron a la llamada de la Corona para asentarse en ella. Sin embargo, el estado tan calamitoso en que se encontraban gran parte de sus viviendas, la situación selvática de

---

[293] Véase mi amplio estudio sobre la repoblación en mi tesis doctoral: PUGA BARROSO, J. L., *El señorío de Órgiva y su repoblación en tiempo de Felipe II*, Servicio de Publicaciones e Intercambio Cultural de la Universidad de Málaga, 2006.

[294] Las ventajas estaban destinadas a premiar a aquellos colonos que habían destacado con su participación en el control de la sublevación de 1568 o que poseyesen más posibilidades económicas. Las suertes de refacción tenían como fin compensar a los cristianos viejos residentes en la villa con anterioridad al levantamiento a los cuales se les hubiese privado de parte de sus propiedades.

[295] La distribución en trances hizo que los repobladores de la villa de Órgiva tuviesen su patrimonio repartido en cinco espacios diferentes, atendiendo a la calidad de la tierra y su riqueza arbórea.

sus campos, las escasas ayudas, la accidentalidad del terreno, que dificultaba su laboreo, y sobre todo la falta de medios económicos que poseían en general los repobladores obligaron a muchos de los asentados a abandonar los lotes, produciéndose un constante flujo y reflujo en su vecindario.

Ante estas adversas circunstancias, el Consejo de Población determinó reducir las vecindades de la villa a setenta y dos hogares y aumentar el número de las ventajas hasta cuarenta. Sin embargo, aún en 1593 el visitador Jorge de Baeza Haro sólo constató la existencia de cincuenta y dos familias, otras once estaban ausentes y nueve de las suertes no adjudicadas habían sido repartidas entre el resto de los vecinos.

En el siguiente cuadro consta el número de suertes establecidas en el conjunto de poblaciones del señorío, así como el importe del censo en reales, según aparece en el *Libro Becerro de Órgiva*.

Cuadro n.º 23
Suertes de población en 1732

Población	Número	Censo anual en reales	Total reales
Albacete de Órgiva	112	24	2.688
Barja	11	24	264
Bayacas	12	40	580
Benizalte y Pago	11	67	737
Cáñar	25	25	625
Carataunas	16	25	400
Soportújar	30	24	720

Población	Número	Censo anual en reales	Total reales
Sortes	13	36	468
Busquístar	31	23,5	751
Total	261		7.232

Fuente: L. B. O.

El importe de su recaudación estaba destinado a los siguientes fines, según consta en la Real Orden dada en Granada el 12 de julio de 1704[296]:

(…) por lo mucho que conviene al servicio de su Magestad el cobro efectivo de su real Censo de Población, cuyo producto está destinado por sus reales órdenes para la paga de la Capitanía General, y guarnición de la costa deste reyno, lanças de Alhambra y entretenidos, provisión de los presidios de Melilla, Peñón y Alhucemas y otros efectos contratados (…) por el tesorero general de la Renta de Población y pagador de la gente de guerra de la costa deste reyno de Granada, para que los alcaldes cobradores hagan las pagas de todo lo corriente con puntualidad a sus plazos (…) con los efectos referidos que son de tan precisa puntualidad, conservación y seguridad deste reyno, y no obstante se reconoce grave omisión, descuido en todos los deudores y justicias a cuyo cargo está la cobranza[297].

---

[296] Real Orden era una norma dada por el rey, aunque no directamente, sino mediante los secretarios de despacho, utilizándose la llamada vía reservada.

[297] A. H. A. O. Existe constancia de que en varias ocasiones el gobernador del mayorazgo de Órgiva notificó a la justicia de la villa y lugares de su estado la premura en el cobro de las cantidades no abonadas a la Real Hacienda. En 1704, el citado cargo, José Maldonado Yuso, exigió a los siguientes concejos el abono de las deudas

En el memorial realizado por el alcalde Cristóbal Pretel del censo de suertes de población de la villa de Albacete correspondiente al año 1681, su distribución había sufrido grandes cambios. Doce de los propietarios poseían sólo media suerte, ocho de sus vecinos cultivaban suerte y media, seis tenían dos suertes, otros tres poseían dos suertes y media, cuatro disfrutaban de tres, otros cuatro de tres y media, dos de sus moradores tenían cuatro y media y uno, Juan Martín Montero, era el mayor hacendado, pues poseía nueve. En conjunto, eran sesenta y nueve los vecinos que pagaban censo enfitéutico a la Corona. Por lo tanto, se había producido una más que apreciable concentración de suertes[298].

---

no pagadas por los sucesivos importes: Bayacas, 272 reales y cuatro maravedís; Soportújar, 360 reales; Benizalte, 369 reales y siete maravedís; y Benisiete, 182 reales. En 1732, en el libro de la razón general de la Real Hacienda de Población del lugar de Carataunas consta una deuda por las suertes con los plazos cumplidos de doscientos reales de vellón.

[298] Aunque la enfiteusis promovía la creación de una sociedad en gran parte igualitaria, el hecho de que la ley permitiese vender las suertes en su totalidad o en parte dio lugar a la creación de grandes propietarios y al fomento del caciquismo político.

VII

Haciendas y censos pertenecientes al mayorazgo

Dominada la rebelión morisca de 1568, se produjo la expulsión de la población neoconversa del territorio que había constituido el reino nazarí de Granada y su consiguiente reparto por otras regiones peninsulares. La convulsión que produjo la insurrección en los ámbitos social y económico hizo necesario que la Corona crease las condiciones destinadas a dar vida y reconstruir a la mayor brevedad posible un territorio en gran parte inhóspito. Ante el prácticamente desierto humano en que quedaron convertidas las tierras que poblaban los cristianos de moros, y al mismo tiempo con la idea de recomponer el sistema hacendístico, regular el asentamiento de los nuevos pobladores y resolver los múltiples y variados conflictos que generó el levantamiento morisco, la Corona creó en 1570 dos organismos, uno en Madrid, la Junta de Población, y otro en Granada, el Consejo de Población.

Tras el extrañamiento general del vecindario de cultura musulmana fuera del reino de Granada, sólo tenemos constancia de que quedase en la baronía de Órgiva un residente neoconverso, denominado Tolaytoli, que actuó como conocedor de la comisión para el reconocimiento de las haciendas, si bien estudios recientes demuestran que algunos de los moradores que por disposición regia debían ser desarraigados lograron eludir las órdenes de destierro, o simplemente, pasado algún tiempo, volvieron camuflados como cristianos viejos.

El Consejo fue la institución encargada de organizar el necesario aparato burocrático para llevar a cabo el apeo, deslinde y posterior repartimiento de los bienes de la población desterrada de la comarca por el delito de lesa majestad. En el señorío de Órgiva la comisión estuvo constituida por el juez Jusepe Machuca, el escribano Antonio Pérez de Badajoz, el gobernador del señorío, Juan Franco, representando los intereses del duque de Sesa, y los denominados conocedores: el nombrado neoconverso, junto con los cristianos viejos Miguel García, que en época morisca había actuado como intérprete, pues gran parte de la población del señorío seguía hablando la lengua de sus antepasados, y Andrés Camacho, antiguo alguacil mayor[299].

En el espacio geográfico que constituyó el señorío de Órgiva, con anterioridad al citado levantamiento, sólo existieron cristianos viejos asentados en Albacete de Órgiva, ya que la presencia de cuadrillas de disidentes moriscos, los denominados monfíes, disconformes con el poder castellano, que pululaban por las estribaciones de Sierra Nevada aledañas a la capital del señorío, no aconsejaba su residencia fuera de la villa, si bien algunos de los citados residentes tenían posesiones en los lugares cercanos, adquiridas en pública almoneda de la monarquía como procedentes de las familias moriscas huidas a Berbería.

---

[299] La aljamía es la escritura en caracteres árabes de una legua no árabe. El español aljamiado es la lengua castellana escrita en alifato árabe, en lugar del alfabeto latino, sin alterar la lengua en sí.

La falta de documentos escritos se debe a que el archivo del escribano, instalado en la torre defensiva, fue destruido durante la revuelta, bien por la utilización de su papel como combustible por parte de los cristianos viejos guarecidos en ella o, posteriormente, por los moriscos en el periodo de tiempo que estuvo en poder de los sublevados antes de la llegada de las tropas reales al mando del titular del señorío, Gonzalo Fernández de Córdoba[300]. El levantamiento del cerco a la torre defensiva para hacer frente al ejército real, que venía en apoyo de los asediados, fue aprovechado por los sitiados para trasladarse durante una noche a la ciudad de Motril[301].

La permanencia en la villa de un solo residente cristiano nuevo y la rigidez del juez de comisión en cuanto a las reclamaciones realizadas sin la pertinente documentación o no confirmadas por los conocedores impidieron satisfacer parte de las demandas presentadas, en nombre del duque de Sesa, por el gobernador del señorío en un memorial y, con toda seguridad, de algunas de las reclamadas por cristianos viejos.

Ni en el libro manuscrito denominado *Apeo y repartimiento de la villa de Órgiva* ni en el correspondiente al resto de los lugares que constituían su estado aparecen delimitados los bienes del titular del señorío, ni tampoco los atinentes a los cristianos viejos residentes en la villa con anterioridad al levantamiento[302].

---

[300] A. G. S., C. C., leg. 2.193, s. f. Gerónimo de Silva, que formó parte del vecindario que se guareció en la torre defensiva, calculó que el número de cristianos viejos refugiados dicha torre alcanzaba las 140 personas.

[301] Uno de los medios defensivos utilizados para su protección por los refugiados en la torre consistió en arrojar aceite hirviendo sobre los sublevados que cercaban la atalaya.

[302] A. H. A. O. El manuscrito citado es una copia realizada en 1775, firmada por don Pedro Ossorio.

En el *Estado de Órgiva* se registran, conjuntamente, de una forma global y aproximada:

> *(…) ai en el dicho término e dezmería de Albacete y en los lugares de Beneacir, e Benizalte e Pago e Sortes que están junto a él, que siempre han andado juntos, e aún todos se tenían por varrios de Albacete, en todos estos cinco lugares podrá haver quatro mil marjales de tierra de riego, los mill de ellos deel Duque e christianos biexos particulares y los demás son de su Magestad[303].*

En el *Memorial y declaración de bienes*, incompleto por causas desconocidas, sólo se describen las haciendas demandadas y concedidas por el juez de comisión a once cristianos viejos, que demostraron ser propietarios de bienes con anterioridad al levantamiento[304].

En una reclamación realizada por Gerónimo de Silva, hijo del escribano Diego de Silva, presente en Albacete cuando se produjo la razia del 24 de agosto de 1565, manifiesta que los componentes de una flota formada por unos trescientos piratas turcos, con la ayuda de antiguos residentes de la taha de Órgiva que habían huido a Berbería, asolaron la villa y algunos de sus lugares situados:

> *(…) cinco leguas de la mar, la tierra adentro, y se llevaron muchas casas de moriscos de la dicha villa y su taha, unos por fuerça y otros de su voluntad, y dexaron la dicha taha robada y casi despoblada*

---

[303] A. H. P. G., cabina 5.ª, sección apeos, legajo Estado de Órgiva de 1698, pieza n.º 128, fol. 61 r-v.

[304] *Ibidem*, planta 4.ª, sección apeos, libro 127, pieza n.º Órgiva.

y sin gente, de lo qual os vino grand daño por el mucho menoscabo que abrá en las rentas que allí teneys[305].

En una relación enviada por estas fechas al rey, el conde de Tendilla, capitán general del reino granadino, evaluó el importe de los bienes abandonados por los moriscos que huyeron a Berbería en:

(…) seys quentos y quinientas y sesenta y quatro mill y çiento y quarenta maravedís, abemos tenido por bien de hazeros merçed, como por la presente os lo hazemos de la mitad de lo que a nuestra cámara pertenece, de todos los dichos bienes para ayudar a reparar y restaurar el daño que así aveys resçibido y poblar con más brevedad la dicha villa y su taha[306].

En el título de concesión del señorío de Órgiva a Gonzalo Fernández de Córdoba no se especifica la cesión de bienes territoriales, ya que la taha de Órgiva, al igual que el resto de la Alpujarra, se integró en la Corona castellana mediante la firma de la correspondiente capitulación, lo cual conllevó el respeto de las propiedades de su vecindario autóctono. Finalizada la rebelión de 1500 y consumada la conversión de gran parte de su población musulmana al catolicismo, sin lugar a dudas forzada ante la imposibilidad de permanecer en la tierra donde habían nacido sin aceptar tal condición, el titular del señorío recibió todos los bienes pertenecientes a las mezquitas, los

---

[305] A. H. A., L-257-3, s. f.
[306] *Idem.*

denominados habices. Posteriormente, tras la razia de 1565, la hacienda señorial se incrementó, en parte, con algunas cesiones del monarca a su fiel colaborador, procedentes de los bienes de los moriscos que se expatriaron en busca de la libertad que habían perdido, sobre todo la religiosa, y que soñaban poder encontrar en el norte de África.

La rebelión general morisca iniciada en la Alpujarra en la Navidad de 1568, cuyo ideario se extendió por gran parte de los lugares que pertenecieron al antiguo reino nazarí, y a la que acertadamente algún historiador contemporáneo definió como guerra civil, produjo una fuerte conmoción en el reino castellano y, a su vez, la necesidad de realizar un gran esfuerzo económico y militar para su control. Una vez sofocado el levantamiento, se produjo el consiguiente desplazamiento forzoso de la población morisca, hubiese o no participado en la contienda. Ello conllevó el abandono de sus propiedades y, por consiguiente, la falta de cultivo de los campos, condiciones que fueron consideradas como el fundamento jurídico para la subsiguiente confiscación de todos sus bienes.

La existencia en la baronía de Órgiva de población cristiana vieja propietaria de bienes, junto con los pertenecientes al señor de Órgiva, obligó a la citada Junta a realizar un apeo y deslinde de sus dominios, previamente a la realización de suertes con los bienes expropiados, pues a ellos no les afectaba la confiscación decretada por la Corona. Del efectuado en el señorío de Órgiva, sólo conservamos el realizado a once de los antiguos hacendados en la villa de Albacete, sin que tengamos constancia pormenorizada de las posesiones del duque de Sesa, del que sólo se especifican sus bienes de una forma global[307].

En la reclamación realizada por el duque de Sesa a Su Majestad a través de su representante, el gobernador del señorío, solicitándole mediante escrito sus posesiones expone:

> (…) *que por su parte se presentaron ante el Presidente y los del Consejo de la Población y hazienda real de vuestra Magestad del reyno de Granada, que reside en la dicha ciudad, estas dos peticiones de que haze presentación, pidiendo por ellas que se liquidasen y averiguasen las tierras, heredades y abizes pertenecientes al dicho duque y que tenya y poseya por suyas en la taha de Órgiba, que son las contenydas en esta escriptura que presenta de la concordia que sobre las dichas tierras se tomó con el arçobispo de Granada*[308].

La petición finalizaba solicitando al monarca:

> (…) *se sirva de proveer y mandar que se hagan todas las diligencias que se pudieren hazer, para liquidaçión y deslindamyento de las dichas tierras, heredades y abiçes que eran y son del dicho duque, y que para ello vayan y se lleven los moriscos que por su parte fueren nombrados*[309].

---

[307] A. H. P. G., planta 4.ª, sección apeos, libro 127, pieza n.º Órgiva.
[308] A. G. S., C. C., leg. 2.170, s. f.
[309] *Idem.*

1. *Albacete*

Además de la casa palacio, utilizada generalmente como residencia por el gobernador de turno, los Fernández de Córdoba poseían también una casa mesón, con su huerto, en la conjunción de dos calles cercanas a la plaza, que formaban una pequeña plazoleta denominada las cuatro esquinas.

En la plaza, frente a la iglesia, estaba la casa del cabildo, que había sido reconstruida por el concejo, y junto a ella se encontraba la cárcel. En esta época la «alcaydía está inclusa en la renta de la bara del Alguacil Mayor»[310]. En 1732, a propuesta del concejo, don Marcos Coarasa y Lambea, secretario y apoderado del noble, residente en Granada, propuso al marqués de Aguilar, señor del estado, licencia para permutar la utilización de ambos edificios, en pro de lo beneficioso que resultaría para el mayorazgo[311]. La propuesta fue aceptada, levantándose una escritura que, junto con la carta de aceptación del marqués de Aguilar, titular del señorío, fue guardada en el archivo del estado de Órgiva[312].

Cercano a la plaza, junto al barranco, el conde de Sástago poseía un molino de aceite con un corral anexo, que a mediados del siglo XVIII estaba arrendado por 450 reales de vellón. La nueva renta se estableció en tres mil reales de vellón, incluido el arrendamiento de todos los olivos grandes que tenía el mayorazgo en las vegas de Albacete, Benizalte y Sortes.

---

[310] L. B. O., fol. 91 r.

[311] Don Raimundo Aznar y Sanjuán era el gobernador, capitán de guerra del estado de Órgiva y archivero.

[312] La carta tenía fecha de 22 de abril de 1732. La permuta conllevaba el pago de una gallina por el solar.

Así mismo, en el término de Albacete existían otros ocho molinos, pertenecientes a particulares, que pagaban censos al mayorazgo. De ellos, cinco estaban dedicados a la molturación de granos. En el texto aparecen citados como de «pan moler», pues su actividad era triturar cereales: trigo, cebada y maíz. La función de otros dos era extraer el aceite de la aceituna y uno, curiosamente, producía papel de estraza para los ingenios de azúcar, aunque no hemos encontrado ninguna referencia de la existencia de plantaciones de caña de azúcar o remolacha.

La propiedad de estos establecimientos preindustriales estaba concentrada en pocas manos, pues un solo vecino poseía tres de estas instalaciones. También destacaban como propietarios dos miembros de la Iglesia, el presbítero y licenciado don Bartolomé de Navas, residente en la villa, que era dueño de un molino de pan y otro de aceite, y el también presbítero don Manuel Luis de Castañeda, antiguo vecino de la localidad y posteriormente de Granada, que había adquirido una almazara de aceite a un residente de Albacete. Para su mayor comprensión, hemos elaborado un cuadro que exponemos a continuación.

Cuadro n.º 24
Molinos a censo en Albacete en 1731

Arrendatario	Lugar	Reales	Actividad
Juan López de Montalvo	Jaute	25	Moler cereales
Juan López de Montalvo	Zute	25	Moler cereales
Juan López de Montalvo	Jaute	33	Papel de estraza
Bartolomé de Navas	Río Chico	55	Moler cereales

Arrendatario	Lugar	Reales	Actividad
Bartolomé de Navas	Bayacas	22	Moler aceituna
Alfonsa de Aguilar	Río Chico	55	Moler cereales
Manuel L. de Castañeda	Río Seco	55	Moler aceituna
Francisco García	Río Grande	110	Moler cereales
Total		380	

Fuente: L. B. O.

Con la toma de posesión del mayorazgo por el conde de Sástago fueron renovados los arrendamientos de todas sus haciendas en la citada institución[313]. En la descripción que se hace de los bienes se anota su emplazamiento, aunque con no mucha precisión; sin embargo, los datos reseñados debieron ser suficientes para los lugareños. En cuanto a las medidas agrarias de superficie utilizadas, fanega, cuartilla y marjal de sementera, con frecuencia van acompañadas de la expresión «poco más o menos». En el nuevo arrendamiento, en algunas ocasiones, los lotes variaron en su composición, pues se produjeron agrupaciones de bienes. El precio generalmente viene expresado en reales de vellón y rara vez en ducados.

Normalmente se produjo un aumento en el importe de la renta, si bien en determinados casos permaneció la cuantía anterior o incluso se redujo, y sólo en cinco de las anotaciones consta la exención del pago por la pobreza del terreno, o con

---

[313] El arrendamiento de todas las tierras se hizo por don Marcos Coarasa y Lambea, secretario y apoderado del conde de Sástago.

la condición de que cuidasen de los olivos recién plantados. Un aspecto muy significativo que debe destacarse es el hecho de que en sólo una circunstancia se indica el nombre de la persona a la que se arrienda.

La arboricultura predominante era la del olivo y el moral, pero también, aunque en muchísima menor cantidad, abundaban los árboles frutales como el granado, el melocotonero, el cerezo, el guindo, el manzano, el albaricoque, la higuera, el ciruelo o el parral. No aparece citado en ningún caso el naranjo; sin embargo, hay constancia de su existencia en época morisca.

En el siguiente cuadro aparecen reseñados los lugares, tierras, morales, olivos y el importe de sus arrendamientos con anterioridad y posterioridad a 1730, tras la toma de posesión del conde de Sástago. En los nuevos contratos, inferiores en número por la agrupación de bienes, el precio sólo aparece en uno de los bienes agrupados.

Cuadro n.º 25
Tierras, olivos y morales arrendados en 1730-1731

Parajes	Celemines	Reales 1730	Reales 1731	Olivos	Morales
Ermita San Sebastián	3	12	12	8	-
Repartidor del agua	2	10	-	10	1
Pasadilla	30	300	282	36	19
Cerrillo Jaratarromán	4	20	42	21	12

Parajes	Celemines	Reales 1730	Reales 1731	Olivos	Morales
Portichuelo	9	20	-	29	-
Refacción	6	94	76	-	23
Refacción	3	6	-	15	-
Refacción	3	6	-	14	-
Refacción	9	28	62	49	2
Refacción	-	-	-	2	-
Refacción	3	10	12	15	-
Ermita San Sebastián	3	40	50	1	9
Pago de las Heras	3	3	-	20	-
Pago de Jatacamín	12	42	76	31	-
Pago de Jatacamín	30	50	64	75	-
Camino del Molino	9	80	84	29	-
Camino del Molino	9	40	-	39	-
Camino del Molino	9	20	-	30	-
Pago del Aljivillo	4	18	20	18	-
Pago del Aljivillo	12	26	20	36	-

Parajes	Celemines	Reales 1730	Reales 1731	Olivos	Morales
Pago del Aljivillo	12	20	52	28	-
Pago del Aljivillo	9	22	-	31	-
Pago del Aljivillo	12	22	-	26	-
Pago de la Torrecilla	9	32	1	24	-
Pago de la Torrecilla	3	9	44	15	-
Pago del Pozuelo	18	20	50	47	-
Pago del Pozuelo	4	15	-	17	-
Pago del Pozuelo	6	15	-	17	-
Camino del Molino	12	4	17	34	-
Pago de los Villarejos	12	10	11	57	-
Pago de los Villarejos	24	18	22	85	-
Pago de Fondinar	18	10	12	29	-
Tíjola	72	70	70	134	-
Pago de Pontanillas	-	-	24	47	-

Parajes	Celemines	Reales 1730	Reales 1731	Olivos	Morales
Pago de Pontanillas	24	20	-	68	-
Pago de Pontanillas	1	-	-	10	-
Pago de Benisiete	18	30	23	81	-
Pago de Benisiete	9	20	16	34	-
Pago de Benisiete	15	15	16	44	-
Vegueta	3	11	16	12	-
Vegueta	6	11	-	32	-
Barrio Alto	9	20	20	21	-
Barrio Alto	4	200	200	-	32
Barrio Alto	1	-	-	-	-
Pago de Benisiete	9	-	-	40	-
Chorreadero	15	21	-	25	-
Pago de Benisiete	3	6	9	14	-
Pago de Benisiete	4	12	-	17	-
Barrio Polo	3	4	10	9	-
Barrio Polo	9	24	19	23	-
Barrio Polo	3	116	70	-	8
Algarrobillo	4	-	-	-	-

Parajes	Celemines	Reales 1730	Reales 1731	Olivos	Morales
Corrales	2	-	-	-	-
Hondo de Río Chico	4	4	-	-	-
Río Chico	12	31	30	-	-
Totales	532	1668	1531	1499	106

Fuente: L. B. O.

En la consecutiva tabla exponemos los nombres de los titulares de huertos y solares, así como el importe que abonaban.

Cuadro n.º 26
Solares y huertos del mayorazgo en Albacete en 1731

Censatarios	Huertos	Reales	Lugares	Solares
Diego de Yuste	1	3	Debajo del Barrio Bajo	-
Juan, José e Isabel Díaz	1	44	Albacete	-
Mateo Sánchez	-	11	Barrio Bajo	1
Francisco Gadeo	1	7	Pasadilla	-
Francisco Gadeo	1	32	Pasadilla	-
Juan y Alonso Díaz	2	25	Barrio Bajo	-
Juan López	-	8	La Plaza	1
Antonio Herrera, Juan Henríquez y Juan Estévez	-	36	Barrio del Barranco	3

Censatarios	Huertos	Reales	Lugares	Solares
Lorenzo Carrillo	-	21	Barrio del Barranco	1
Her. de Diego Torralva	1	12	Barrio Bajo	1
Doña María de Reyes e Isidro Torralva	-	3,5	Barrio Alto	1
Don Esteban de Escamilla	-	14	Barrio Alto	1
Don Marcos Montero	1	20	Pasadilla	-
Don Andrés de Zaragoza	1	8	Barrio Bajo	-
Don Juan Félix de Peralta	1	22	Barrio Bajo	1
Juan Morillas, Bartolomé Rodríguez, Lucrecia Padilla	-	30	Barrio Alto	3
Totales	10	296,5		13

Fuente: L. B. O.

El arrendamiento de todas las tierras y sus importes se hizo por don Marcos Coarasa y Lambea, a la sazón secretario y apoderado del conde de Sástago.

Cuadro n.º 27
Bienes agrarios del mayorazgo en Albacete (1730-1731)

Parajes	Celemines	Reales 1730	Reales 1731	Olivos	Morales
Algarrobillo	4	–	–	–	–
Ermita de San Sebastián	6	52	62	9	9
Barrio Alto	14	296	220	21	32
Barrio Polo	15	144	99	32	8
Camino del Molino	39	144	101	132	–
Cerrillo de Jaratarromán	4	20	42	21	12
Corrales	2	–	–	–	–
Fondinar	18	10	12	29	–
Pasadilla	30	300	282	36	–
Pago del Aljivillo	49	108	92	139	–
Pago de Benisiete	58	83	64	230	–
Pago de las Eras	3	3	–	20	–
Pago de Jatacamín	42	92	144	106	–
Pago de Pontanillas	49	67	68	57	–
Pago del Pozuelo	28	50	50	81	–

Parajes	Celemines	Reales 1730	Reales 1731	Olivos	Morales
Pago de Torrecilla	12	41	44	39	-
Pago de Villarejos	40	28	33	162	-
Portichuelo	9	20	-	29	-
Refacción	24	144	150	95	25
Repartidor del agua	2	10	-	10	1
Tíjola	74	70	90	134	-
Río Chico	16	35	30	-	-
Vegueta	9	22	16	44	-
Total	539	1660	1513	1474	87

Fuente: L. B. O.

El censo de los solares generalmente se pagaba en gallinas. En la subsiguiente tabla describimos a los censatarios de solares y el gravamen que abonaban.

Cuadro n.º 28
Pago de censos en gallinas en Albacete en 1731

Censatarios	Solares	Gallinas	Lugar
Cárcel	1	1	Plaza
F. Alonso y M. Osorio	2	3	Plaza
Antonio Benavente	1	1	Plaza

Censatarios	Solares	Gallinas	Lugar
Pedro Gutiérrez	1	2	Plaza
Agustín Braojos	1	1	Barrio Bajo
Juan y José Díaz	1	2	Barrio Bajo
Francisco Pérez Moreno	1	2	Barrio Polo
D. Manuel de Castañeda	1	3	Cuatro esquinas
Agustina de Pedrosa	2	4	Plaza
D. Bernardo Tello	1	2	Cuatro esquinas
Manuel Moreno	1	2	Plaza
S. Gálvez y Juana Coleto	3	2	Pasadilla
D. Francisco de Béjar	2	6	B. de la Ermita
D. Pedro del Molino	1	4	Barrio Alto
Águeda Barranco	1	3	Barrio Alto
Beatriz Marfil	1	1	B. de la Ermita
Lucrecia Padilla	1	1	B. de la Ermita
Juan de Reyes	1	1	Barrio Alto
Gabriel Fernández	1	1	Barrio Alto
Cristóbal Vílchez	1	2	Barrio Polo
Juan de Osorio	1	1	Barrio Bajo
María Cabrera	1	1	B. de la Ermita
Bartolomé Morillas	1	1	Junto río Chico
Miguel Gómez	2	2	Barrio Bajo
José Bueno Bellido	1	2	Barrio Polo
Total	30	50	

Fuente: L. B. O.

Todos estos tributos se abonaban por la Navidad de cada año y sus poseedores tenían hechos sus reconocimientos ante el escribano, don Francisco de Zéspedes.

Cuadro n.º 29
Morales del conde en tierras ajenas al mayorazgo en Albacete (1731)

Paraje	Lugar	Morales
Aledaños de Albacete	Huertos de los Yáñez	3
Barranco	Huerto de Juan López	1
Alfarería	Huerto de Andrés Zaragoza	1
Barrio Alto	Moraleda de Juan Bueno	1
Barrio Bajo	Haza de Diego de Yuste	1
Total		7

Fuente: L. B. O.

El conjunto de los árboles expuestos en el cuadro que antecede estaba arrendado, con anterioridad a 1730, en veintinueve reales. En el nuevo contrato realizado con el conde de Sástago su renta se fijó en veinticuatro reales. Del total de morales existentes en las tierras pertenecientes al mayorazgo, en las vegas de Albacete, Benizalte y Sortes se obtenían unas ocho onzas y media de cría de seda.

Cuadro n.º 30
Olivos del conde en tierras ajenas al mayorazgo
en Albacete (1731)

Paraje	Lugar	Olivos
Vegueta	Haza de Juan Pérez Moreno	2
Benisiete	Haza de Pedro Jiménez Bueno	1
Benisiete	Camino de la Vegueta	1
Aledaños de Albacete	Huerto de Francisco Yáñez	1
Fondinar	Haza de Juan Fernández Salcedo	2
Algivillo	Haza de Miguel Moreno	1
Total		8

Fuente: L. B. O.

El total de olivos del anterior cuadro, catalogados como grandes, más los que poseía el mayorazgo en tierras propias en las vegas de Sortes y Benizalte, rentaba 550 reales con anterioridad a 1730. A partir de la toma de posesión del conde de Sástago fueron arrendados conjuntamente con el molino de aceite.

2. Barja

En este lugar el mayorazgo no poseía tierras ni arbolado alguno; por lo tanto, no recibía ninguna renta, a excepción de los ocho reales de los derechos de los hornos[314]. Los suelos situados

---

[314] Don Juan Álvarez, vecino del lugar, pagaba cuatro ducados de censo por un mo-

al norte de las viviendas estaban poblados de robles y castaños. Un vecino de la localidad, don Juan Álvarez (posteriormente, en la descripción que el escribano hace de Cáñar, cita como dueño del molino de este lugar al vecino de Barja, al que denomina Juan Delgado), abonaba al mayorazgo cuatro ducados de renta por el molino que poseía para la molturación de cereales en el término de Cáñar. La administración de la aldea, de carácter anual, estaba a cargo de un alcalde y un regidor. Del cuidado de las almas se encargaban el cura y el beneficiado de Cáñar, ya que este lugar era considerado como anejo, y en su pequeña iglesia se decía misa generalmente sólo los días de fiesta.

3. Bayacas

Los bienes agrarios pertenecientes al señor del estado de Órgiva en Bayacas eran escasos, como podemos ver en el cuadro 31. En él no he incluido la columna con las cantidades en reales que rentaba cada uno de ellos, debido a que este dato no aparece citado. Sólo se indica el importe global de todas las haciendas, cuya cuantía era de 170 reales, suma que fue ratificada tras la nueva renta. En esta cuota se incluye la parte correspondiente a la hoja de los morales, y se especifica que el abono de las rentas se realizaría como fecha acordada el 29 de septiembre, día de san Miguel. A la cuantía citada había que sumarle siete reales por los derechos del horno y otros setenta y uno que el concejo se obligó a pagar por el juro sobre las alcabalas.

---

lino dedicado a la molturación de cereales situado en el término de Cáñar. A. H. A. O.

En este lugar existía una capellanía, poseedora de un olivo, cinco morales y un bancal atinente a la cofradía del Santísimo Sacramento. El citado bancal estuvo durante largos años perdido. Tras su puesta en cultivo, su renta fue establecida en ocho reales al año. Además, el mayorazgo poseía un moral en el huerto de José Civantos.

Cuadro n.º 31
Bienes agrarios del mayorazgo en Bayacas en 1731

Parajes	Celemines	Olivos	Morales
La Vega	6	-	-
Pago de Fano	4	-	-
Pago de Fano	6	-	3
Pago de la Era	9	1	5
Pago de la Era	6	-	6
Huerto	-	-	1
Total	31	1	15

Fuente: L. B. O.

En el término de este lugar existían tres molinos, todos ellos situados en la ribera del río Chico, que utilizaban como fuerza motriz el agua. Dos de ellos estaban dedicados a la molienda de cereales y un tercero, de una viga, a la extracción de aceite de la aceituna de sus olivos[315]. Este último pertenecía a la capellanía

---

[315] L. B. O., fol. 119 v. El presbítero Bartolomé de Navas, vecino de Granada, poseía

de don Bartolomé de Navas, vecino de Órgiva, que pagaba de censo anual al mayorazgo veintidós reales de vellón.

4. Benizalte y Pago

A continuación hemos elaborado un cuadro en el que constan los parajes, así como la superficie de las haciendas, reducida a celemines, y los importes de los censos que pagaban con anterioridad a la toma de posesión del conde de Sástago, junto con las nuevas rentas impuestas y el total de olivos que poseía el mayorazgo. El moral estaba prácticamente desaparecido en estas vegas, pues sólo se anota la existencia de once plantones en Pago.

Cuadro n.º 32
Ingresos y haciendas del mayorazgo en Benizalte
y Pago (1730-1731)

Parajes	Celemines	Reales 1730	Reales 1731	Olivos
Vega	18	10	38	36
Vega	3	-	-	16
Vega, trance de Vermejo	12	28	15	24
Vega	15	21	21	28
Vega	6	6	-	23

un molino harinero y otro de aceite en la ribera del río Chico. *Ibidem,* fol. 120 v. Doña Alfonsa de Aguilar, también vecina de Granada, era propietaria de otro molino para moler cereales en la misma ribera.

Parajes	Celemines	Reales 1730	Reales 1731	Olivos
Vega	24	12	-	50
Vega	6	-	7	26
Vega de Pago	3	3	42	12
Vega de Pago	4	8	-	16
Vega de Pago	3	3	-	12
Vega de Pago	6	4	-	15
Vega de Pago	6	4	-	31
Vega de Pago	6	13	27	-
Solar del molino y otros	6	-	-	4
Total	118	112	150	293

Fuente: L. B. O.

En tiempos anteriores a 1730 existieron en el lugar una tienda y un horno, pero, dada su escasa población y la cercanía a Albacete, estos establecimientos fueron clausurados. A mediados del siglo XVIII sus solares se dieron a censo a Gabriel de Cuevas para construir casas. En su vega existía una hacienda del convento de la Santísima Trinidad de Granada. Así mismo, existía la capellanía de don Silvestre de Zéspedes.

Desde la época morisca subsistían dos molinos de aceite, que eran del señor de Órgiva: el citado en la villa, muy cerca de la plaza, y otro en Benizalte. Este último, que había abonado 330 reales de renta al mayorazgo, fue derruido, debido a su estado de abandono, tras la reconstrucción del situado en la villa de Albacete, y su solar fue arrendado para tierra de cultivo.

En el cuadro 33 constan los olivos del noble situados en tierras no propias, es decir, de particulares.

Cuadro n.º 33
Olivos del conde en tierras ajenas al mayorazgo en 1731

Parajes	Lugar	Olivos
Vega de Pago	Haza de doña Alfonsa de Aguilar	1
Vega de Pago	En joya de Eugenia	1
Vega de Pago	Haza de Andrés Núñez	2
Vega de Pago	Haza de Manuel Castañeda	1
Pago de Jaramuza	Haza de Sebastián Bueno	1
Total		6

Fuente: L. B. O.

En este poblado había dos solares en los cuales existieron edificaciones que albergaron una tienda y un horno, propios del mayorazgo. Ambos estaban «perdidos» y fueron arrendados para la construcción de casas por el pago de dos gallinas. Así mismo, tenía una hacienda el convento de la Santísima Trinidad de Granada y otra la capellanía de don Silvestre de Zéspedes. Este lugar mantenía cierta independencia de Albacete, pues poseía alcalde y regidor, pero no tenía pósito ni propios, «pues estaban sujetos al de

Órgiva»[316].Tampoco abonaban el impuesto de la seda, porque no la criaban sus vecinos, y como feligreses dependían de la parroquia de Albacete y el diezmo lo pagaban en Órgiva. En cuanto al juro sobre las alcabalas recuperadas de la Real Hacienda por el señor de Órgiva, su importe era de veintiséis reales de vellón, «que por vía de ajuste se obligó el concejo a pagar por este año»[317]. Por el horno recibía el conde cinco reales al año.

5. Cáñar

El lugar de Cáñar, situado en el extremo oeste del estado, tenía al poniente el lugar de Lanjarón, perteneciente al valle de Lecrín. Era el término más privilegiado en cuanto a vistas, pues desde cualquier parte de su territorio se divisaban la amplia meseta orgiveña, cruzada por el río Guadalfeo, y el resto de los lugares de su estado, a excepción de Busquístar. La vega de este lugar estaba muy poblada de morales, guindos, cerezos y castaños, y en ella el mayorazgo poseía numerosos marjales de tierra, poblados en gran parte de morales. En su término existían tres molinos destinados a la molturación de cereales y ninguna almazara para la molienda del aceite, pues su clima no era propicio para tal cultivo. A continuación hemos realizado dos cuadros en los que reseñamos las haciendas y su situación, así como el número de morales que poseían.

---

[316] L. B. O., fol. 155 v.
[317] *Ibidem,* fol. 164 v.

Cuadro n.º 34
Bienes agrarios en Cáñar en 1731

Parajes	Extensión en celemines
Almendrales	18
Almendrales	12
Almendrales	6
Almendrales	18
Almendrales	12
Almendrales	12
Pago del Manantial	3
Camino de Barja	18
Cañadillas	30
Pago de la Iglesia Alta	6
Pago de la Iglesia Alta	12
Pago de la Mezquita	6
Pago de la Mezquita	6
Pago del Beber	12
Total	201

Fuente: L. B. O.

Cuadro n.º 35
Morales en tierras ajenas al mayorazgo en 1731

Paraje	Nombre del propietario	Morales
Huerto	Miguel de Funes	2
Pago del Manantial	Miguel de Funes	2
----	Francisco Zeballos	3
----	Francisco Alonso	6
Pago del Trance Chico	Miguel de Funes	1
Huerto	José Pérez de Arenas. Hrs.	2
Bancal	Estefanía Espigares	1
Huerto	Juan Rodríguez. Hrs.	3
Junto a las casas	Estefanía Espigares	1
Huerto	Juan Rodríguez	1
Huerto	Francisco Martín	1
Barranco de las Parrillas	Miguel de Funes	1
Camino de Granada	Miguel de Funes	1
Camino de Granada	Tomás Álvarez	2
Haza	Andrés Sánchez	1
Acequia que baja a la plaza	-----	2
Huerto	Francisco de Ávila	1
Bancal	Miguel Caloyo	8
----	Alonso de Funes	1
Junto a la Iglesia Alta	Gabriel de Torres	3
Haza del Beber	-----	2
Haza	José Ruiz Coca	1

Paraje	Nombre del propietario	Morales
Pueblo alto	Beneficio	3
Beber	Juan de Salas	1
Camino de la Sierra	Juan Rodríguez	1
Chorrera	Alonso de Funes	1
Macavé	Miguel Andrés	1
Las Catifas	Francisco Alonso	2
Total		55

Fuente: L. B. O.

6. Cortijo del Duque

En el extremo este del término de la villa, en la conjunción de los ríos Cádiar y Poqueira y en la falda del macizo montañoso, el mayorazgo poseía un cortijo, con una pequeña edificación, denominado del Duque. Sus tierras, bien irrigadas dada su proximidad al río, estaban pobladas de morales y granados, si bien se encontraban expuestas a que parte de ellas fuesen engullidas tras una fuerte tormenta y pasasen a formar parte del cauce del denominado por los lugareños como río Grande. Como propietarios limítrofes, por el oeste estaba el cura de Pampaneira, don Julián Martín, y por el norte don Juan de Vílchez, vecino de Poqueira. Esta hacienda estuvo en alquiler hasta 1732, en 330 reales, y a partir de esta fecha fue arrendada durante nueve años a Cecilio de Santos, vecino de Mecina Fondales, y su cuantía se redujo a 308 reales por la pérdida de parte de su superficie cultivable como consecuencia de una riada.

7. *Cortijo de Alayón*

Esta finca está situada en plena sierra de Lújar. Tenía como linderos por el norte la hacienda de don Cayetano de Arévalo y por levante y mediodía el cortijo que llaman de Camacho. Su extensión era de unos 360 celemines de tierra de riego y la superficie de monte no aparece delimitada. Estaba arrendada en ochenta reales a don Cayetano de Arévalo y, tras el nuevo contrato realizado a partir de 1730 al heredero de don Salvador de Morales, su importe subió a doscientos reales[318].

8. *Cortijo de Besquerina o Mesquerina*

Al oeste del término de Cáñar, internándose en la jurisdicción de Sortes, estaba el cortijo de Besquerina, la mayor de las haciendas pertenecientes al mayorazgo, pues «tiene de tierra más de tres quartos de legua en circuito y aunque hay dentro del mucho monte bajo, tiene más de duscientas fanegas de tierra de reja»[319].

La producción de seda se calculó en unas tres onzas. Tenía cuatro olivos grandes «y más de mil y quinientos azebuches que se pusieron el año pasado de 1731, hay también diferentes pedazos de viña y en el dicho año se plantaron también más de tres mil sarmientos»[320]. El resto del arbolado lo constituían almendros, guindos, castaños y almeces.

---

[318]   Los documentos relativos a su renta fueron realizados por don Sebastián de la Plata, escribano público del cabildo de Cádiar. A. H. A. O.

[319]   L. B. O., fol. 233 v.

[320]   *Ibidem,* fol. 232 r-v.

En 1730 sus tierras estaban arrendadas al vecino de Cáñar José Rodríguez Espigares por 1.225 reales. A partir de esta fecha, tras el cambio del titular del mayorazgo, fueron divididas en dos arrendamientos. La parte situada al norte del camino que iba de Cáñar a Granada, con todo el arbolado que tenía dentro, fue adjudicada al citado arrendador en 450 reales. A su vez, este alquilador abonaba otros 850 reales por las tierras y el arbolado que el conde poseía en Cáñar. La otra parte, excepto un haza con un olivo y otros plantones, estaba arrendada en cincuenta y cinco reales a Gabriel Pérez. El resto lo tenía a renta José Manzano, de la misma vecindad, en 855 reales durante el periodo de nueve años estipulados en el contrato, con la obligación de cuidar los acebuches, darles dos rejas anualmente y sus correspondientes riegos.

9. Carataunas

Las posesiones que el mayorazgo tenía en el lugar de Carataunas se reducían a una huerta de cuatro celemines y a catorce morales, que aparecen descritos con los términos «de moral», «mata de moral» o «pies de moral». Todos ellos estaban situados en tierras ajenas al mayorazgo. Los pagos citados en el documento son el de la Sacristía, el de Macavé, el de las Hazas Grandes y el de los Parrales. También se anota la existencia de una capellanía perteneciente a don Tomás de Funes. Todas las propiedades habían estado arrendadas hasta 1730 en cincuenta reales, y a partir de esta fecha lo fueron en cincuenta y cinco. La hoja que se extraía de sus morales fue cuantificada en cuarenta y siete o cuarenta y ocho arrobas. Así mismo, el concejo abonaba al mayorazgo doce reales por el derecho del horno de Poya.

En cuanto al pósito, el escribano no deja reseñada la cantidad que tenía asignada, ni sus existencias, por la ignorancia que poseía de esos datos en el momento de redactar el escrito. Por ello, dejó un espacio en blanco en el manuscrito con el fin de anotarlo posteriormente. Esa misma laguna aparece al reseñar los bienes de propios, constituidos por una tienda y una carnicería. Esta última sólo permanecía abierta los dos meses de verano.

10. Soportújar

En este lugar, a diferencia de su vecina Cáñar, las posesiones del mayorazgo eran reducidas, pues prácticamente se limitaban a solares de casas y un pequeño número de morales. En el siguiente cuadro relacionamos el nombre de los arrendatarios y de los bienes.

Cuadro n.º 36
Solares a censo del mayorazgo en 1731

Censatarios	N.º de solares	Arrendamiento en gallinas
José Gallardo	2	4
Antonio López	1	2
Ana Tobar	1	2
Tomas Pérez	1	3
Pedro Alonso	1	1
Juan Reguero	1	2
Total	8	16

Fuente: L. B. O.

Además de los solares y gallinas reseñados en el cuadro anterior, el conde de Sástago poseía en el lugar de Soportújar cuatro morales, dos de ellos en huertos del mayorazgo, otro en la propiedad de Gabriel Yañes y el cuarto en un vergel de los herederos de Bartolomé Alonso. La producción estimada de todos ellos se cifraba entre dieciséis y dieciocho arrobas de hoja de moral. Su arrendamiento con anterioridad a 1730 era de once reales, y el nuevo contrato fue renovado en la misma cantidad. El derecho del horno estaba adjudicado en quince reales al año.

11. Sortes

El territorio perteneciente a este término fue dividido en trece suertes. La hacienda perteneciente al noble era escasa, pues se limitaba a un bancal de unos dos celemines de extensión y tres morales situados junto a las casas, todo ello arrendado en tres reales. A partir del nuevo alquiler se incluyeron otros dos bancales y el nuevo arriendo alcanzó los siete reales. Posteriormente se adjuntó a lo anterior un huerto situado en el barrio Polo de Órgiva, con los morales que tenía, más un olivo grande y siete pequeños, por importe de cuarenta y siete reales.

12. Busquístar

El juez de comisión Jusepe Machuca, encargado del apeo y deslinde de la totalidad de los lugares del señorío, solicitó del gobernador del duque de Sesa, Juan Franco, que justificase e identificase todos los bienes contenidos en el memorial presentado. En el citado documento, presentado por el delegado del duque, constaba la posesión de numerosos bienes en el lugar de Busquístar, que no fueron reconocidos por el citado juez de comisión por carecer, según el representante regio, de la documentación acreditativa o de los testimonios que certificasen tales posesiones[321].

> *Tenía antiguamente el maiorazgo en este lugar muchas possesiones, como se reconoce de un memorial simple que hay en el archivo de Órxiva, las quales no ha sido dable deslindarlas, ni apearlas, porque todos los pagos y linderos que se expressan en dicho memorial han mudado con el tiempo de nombres y, sin embargo, de las activas diligencias que se han hecho con los hombres antiguos deste lugar, para venir en conocimiento de algunas possesiones, no ha sido posible sacar alguna luz, assi porque no tienen noticia de dichas tierras, como porque el dicho memorial es del tiempo de la expulsión de los moriscos, y las zittas de linderos que en él se hazen son con nombres arábigos[322].*

En este lugar el mayorazgo sólo tenía un huerto, que poseía Sebastián Rodríguez, vecino de esta localidad, que pagaba de censo ocho reales al noble, y los derechos del horno, que le reportaban otros treinta reales al año. De la renta de un molino de pan y de una tienda no se especifica la cantidad que abonaban, aunque se nombran. Sin embargo, deberíamos tener constancia de los bienes pertenecientes a las mezquitas, los habices, que pocos años antes habían sido confirmados por la Iglesia granadina.

---

[321] La comisión estaba integrada por un morisco y dos cristianos viejos, todos avecindados en Órgiva; por ello, deduzco que los citados vecinos no debían tener mucho conocimiento de las posesiones del duque de Sesa en Busquístar. Sobre el tema, véase mi libro *El señorío de Órgiva y su repoblación en tiempo de Felipe II,* Servicio de Publicaciones e Intercambio Cultural de la Universidad de Málaga, 2006.

[322] L. B. O., fols. 241 v-242 r.

13. La renta de la escribanía

Los escribanos, precursores de los actuales notarios, eran los oficiales encargados de redactar las escrituras públicas. Su labor era fundamental para la gestión de las administraciones que conformaban las distintas instituciones, para dejar constancia de las actividades realizadas entre particulares, como, por ejemplo, los contratos de compraventa o arrendamientos. El oficio de escribano de la villa y lugares de su estado reportaba al mayorazgo con anterioridad a la toma de posesión del conde de Sástago 1.500 reales al año. Tras el traspaso de propiedad de la institución, continuó en el cargo don Francisco de Zéspedes Buesso, abonando la misma cantidad.

14. Décimas de la vara del alguacil mayor

Las décimas de la vara del alguacil mayor del estado de Órgiva, con anterioridad al cambio de titularidad del señorío en 1730, estuvieron arrendadas anualmente en seiscientos reales de vellón a don Silvestre de Zéspedes Buesso. En 1732 el nuevo arrendador, Felipe de Vidal, vecino de esta villa, aceptó como cuota anual la cantidad de mil reales y «bajo de este arrendamiento estava la alcaydía de la cárcel propia del mayorazgo»[323]. Por el derecho de los hornos de Albacete pagaban al mayorazgo 110 reales al año.

---

[323]   L. B. O, fol. 145 r-v.

15. *El juro sobre las alcabalas*

Con anterioridad hemos expuesto la concesión a Gonzalo Fernández de Córdoba de 250.000 maravedís de juro con cargo a las alcabalas del señorío. Sin embargo, este derecho le fue retirado por la Corona al titular del mayorazgo a partir del año 1693. Con el acceso del conde de Sástago a la posesión del estado de Órgiva en agosto de 1732, y a petición suya, se reintegró de nuevo el juro por el Consejo de Hacienda. Tras su restitución, se concertó con todos los concejos del estado de Órgiva que, en el citado año, la contribución fuese igual a la pagada hasta esa fecha a los recaudadores de las rentas reales.

16. *Otras posesiones del mayorazgo*

Alejados del señorío, en la amplia vega granadina, existían ocho cortijos pertenecientes al mayorazgo. Seis de ellos, los denominados Daimuz, Daragoleja, Trasmulas, Chozuelas, Peñaflor y Coscojar, pertenecían al término de Pinos, el de Tocón a Íllora y la Duquesa al Temple[324]. Todos limitaban o eran atravesados por el río Genil, menos el de Tocón. El de Coscojar lindaba con el camino de Alcalá, entre otros colindantes. Con la excepción de este último, formaban un todo, pues se podían recorrer sin pisar tierra ajena. Las escrituras de todos ellos estaban depositadas en el archivo del monasterio de San Gerónimo de Granada, además de las correspondientes a los cortijos de Audón, Galafe, Juzella y Torre de Gucar. En este lugar también se encontraban guarda-

---

[324] El Temple forma parte de una mancomunidad de siete municipios granadinos.

dos los documentos relativos al pleito seguido entre el rey y el Gran Capitán sobre el amojonamiento y deslinde de los cortijos citados y el Real Soto de Roma. Las relaciones entre la institución eclesiástica y Gonzalo Fernández de Córdoba fueron muy estrechas, hecho que justifica la donación que le hizo el Gran Capitán del cortijo de Ansola.

Estas haciendas disfrutaban de condiciones semejantes en los arrendamientos, tales como la obligatoriedad de poner en producción cada año la tercera parte de su terreno cultivable y la obligación de deducir los diezmos de los frutos antes de realizar el reparto de la cosecha. En general eran tierras de secano, dedicadas fundamentalmente al cultivo de cereales.

En cuanto a las cantidades que los labradores tenían que entregar por el arrendamiento, se elevaban a la cuarta parte de los citados cereales, excepto en los cortijos de Daimuz y Trasmulas, donde el arriendo era más favorable para los agricultores, pues se deducía sólo un quinto del total. Para el resto de las cosechas, en todos los arrendamientos la cuota era de un sexto.

Las propiedades de Daimuz y la Duquesa poseían un pequeño monte poblado de encinas. Por el aprovechamiento de su fruto, la bellota, abonaban una renta de cien reales. El arrendador de la Daragoleja debía entregar cuatro capones al año y portear cien fanegas de trigo a Granada. Los labradores de Tocón estaban obligados a pagar por los inquilinatos dos aves por cada suerte. Este cortijo poseía más de cuarenta casas donde vivían los jornaleros o pegujareros, que abonaban por su arrendamiento dos gallinas al año[325].

---

[325] Pegujarero era la denominación que recibía el labrador que disponía de poca siembra.

En la descripción de los cortijos no se especifica su extensión, excepto en el de Trasmulas, cuya superficie abarcaba unas 1.500 fanegas, poco más o menos, y estaba dividido en veinte suertes de setenta y cinco fanegas cada una, todas de secano. Sin embargo, el hecho de carecer de viviendas y cuadras para el ganado hacía que parte de sus tierras no estuvieran cultivadas, pues sólo cinco labradores cultivaban diecisiete de los veinte lotes. Las condiciones de arrendamiento eran las generales, más una gallina. El de Tocón poseía de riego la tercera parte de sus tierras, divididas en treinta y cuatro suertes, cada una de las cuales abarcaba setenta y cinco fanegas de tierra. Al tener una parte de sus suelos de regadío, en ellos se cultivaban, además de cereales, maíz, habas, garbanzos y judías.

Para la cobranza de los arrendamientos «al tiempo de las eras», el administrador general del titular del mayorazgo, residente en Granada, enviaba a personas de su confianza, una por cortijo, excepto para aquellos que por su cercanía podían ser atendidos por un solo encargado. Estos enviados, apodados «fieles quarteros», disponían de un cuaderno para cada arrendamiento, con el fin de anotar el proceso de recogida de los frutos. El grano obtenido tras la parva no podía ser sacado de las eras hasta tanto se habían detraído el diezmo y la parte correspondiente al señor. El salario que percibía cada fiel era de cuatro reales de vellón por día de trabajo, siendo obligación de los labradores el alimentarlos mientras duraba la parva.

Generalmente, el grano perteneciente al noble se almacenaba en unas trojes de gran capacidad que existían en los cortijos de Tocón y Trasmulas. A veces, si las condiciones de venta eran favorables, se vendía en los mismos depósitos, aunque lo habitual era enviarlo a Granada. Como ya se ha mencionado, el arrendador de Daragoleja, además de lo asignado, tenía la obligación de portear cien fanegas de grano a Granada, junto con el pago de cuatro capones.

17. *Los censos*

El censo es un gravamen, una carga, es la renta derivada de un derecho real constituido sobre inmuebles fructíferos a cambio del dominio pleno de bienes raíces o de un capital en dinero[326]. El censo es una renta, pero no todas las rentas son censos. El arrendamiento es una renta, pero no un censo. El contrato de arrendamiento conlleva un plazo corto, aunque pueda renovarse reiteradamente, mientras que el censo es más estable. Los censos están en relación con los elementos reales que los constituyen. Si se trata de un inmueble entregado con dominio útil, se define como enfitéutico. El entregado con dominio pleno o eminente recibe el nombre de reservativo y al derivado de un capital se le designa como consignativo. Connatural al censo es el plazo largo. Si este aparece definido, tenemos el censo vitalicio; si no

---

[326] Entre los no muy abundantes estudios sobre los censos quiero destacar los trabajos realizados por los siguientes autores: RODRÍGUEZ DE DIEGO, J. L., «Hacia una catalogación y mecanización de un importante fondo documental: los censos», *Boletín de la ANABAD*, XXXII, n.° 3, 1982, pp. 293-306; ESCANDELL BONET, B., «La investigación de los contratos de préstamo hipotecario (censos)», en *Actas de las I Jornadas de Metodología Aplicada a las Ciencias Históricas*, Universidad de Santiago de Compostela, vol. 3, 1975, pp. 751-762; SALOMON, N., *La vida rural castellana en tiempo de Felipe II*, Planeta, Barcelona, 1964. Por último, un trabajo antiguo pero interesante sobre la incidencia de los censos en la situación rural de la época moderna lo encontramos en VIÑAS MEY, C., «El problema de la tierra en la España de los siglos XVI y XVII», *Escorial. Revista de Cultura y Letras*, n.° 14, 1941, pp. 451-461.

está determinado, es un censo perpetuo, que puede ser irredimible, constituido a perpetuidad, o redimible, consignativo o al quitar, ya que la deuda quedaba saldada siempre a voluntad del censatario cuando se quitaba el principal prestado. Los censos eran unos instrumentos de crédito de gran importancia en el desarrollo económico y social de nuestro pasado, entre la Baja Edad Media y comienzos de la Edad Moderna.

17.1 REDENCIÓN DEL CENSO PERPETUO DE LOS 2.000 DUCADOS

En el mencionado acuerdo de transacción entre doña Francisca, duquesa de Sesa, y su primo don Luis, por el cual el señorío de Órgiva se desgajó del ducado de Sesa y se constituyó en un nuevo mayorazgo, se incluía una renta perpetua de dos mil ducados anuales, «cargados a diez y siette mil el millar», sobre el de Baena. Este censo fue redimido, de acuerdo con lo estipulado en el convenio de transacción, por don Francisco Roldán de Forcas, contador del duque, según escritura firmada en Granada el 30 de diciembre de 1665. Su importe, 34.000 ducados, fue entregado a don Manuel de Oseguera, depositario general de la ciudad de Granada.

Por dos libramientos, con autorización judicial, consta que se sacaron del dicho depósito 42.000 reales de vellón, veinte mil para la compra de la casa de la Antequeruela y veintidós mil para la adquisición de la casa mesón de Órgiva. Con el resto del dinero depositado se formaron los siguientes censos. Don Juan de Franquis tomó a censo contra sus bienes y a favor del mayorazgo 27.181 ducados y nueve reales de vellón. Con esta cantidad se formaron cuatro censos. El primero, de ocho mil ducados de principal, se constituyó por escritura firmada el 23 de diciembre de 1665; el segundo, de nueve mil ducados, el 30 de diciembre del mismo año; el tercero, de noventa mil reales, el 11 de enero de 1666; y el cuarto y último, por dos mil ducados, el 26 de enero del precedente año. Todos ellos se realizaron en la ciudad de Granada ante el escribano don Francisco Antonio de Zieza Mendoza.

De los referidos cuatro censos no se cobraba ningún rédito, dada la situación económica de quiebra del referido don Juan de Franquis, y tras el consiguiente concurso de acreedores, con «todos los bienes, de el dicho Franquis, no hubo cavimento para ellos»[327].

En cuanto al resto del dinero depositado en el dicho señor Oseguera, no había constancia de que hubiera sido retirado, si bien sus bienes también estaban en concurso de acreedores, ocupando el mayorazgo para los derechos de cobro el número 65 del listado, previéndose que su saldo no alcanzaría al que estaba en el décimo lugar.

17.2. ESCRITURAS DE CENSO

La invasión francesa supuso un descalabro para las rentas del condado de Sástago. El ejército invasor se incautó, entre otros, de los bienes pertenecientes a la nobleza y la Iglesia. Los arrendatarios de haciendas a censo del señor de Órgiva durante el periodo de dominación gala no abonaron el importe de sus censos. Entre ellos se encontraba la orden conventual de Nuestra Señora de la Victoria, Mínimos, de la ciudad de Granada. Esta congregación

---

[327] L. B. O., fol. 283 v.

debía a la condesa de Espinardo, viuda del conde de Sástago y tutora de su hijo y heredero, la cantidad de 750 reales de vellón y treinta y un maravedís, monto a que ascendían los réditos del censo de sesenta y ocho reales y nueve maravedís que anualmente abonaban. La deuda abarcaba once años, desde 1806 a 1816, y el administrador, don Pedro Lisbona, los apremiaba constantemente para que realizasen su pronta liquidación ante la gran demora en el pago. En su descargo, la comunidad religiosa manifestaba las grandes inversiones que había realizado en los edificios de su convento e iglesia.

Ante la reiterada petición formulada por el administrador de las rentas señoriales, el corrector y la comunidad conventual de Nuestra Señora de la Victoria solicitaron su condonación total o parcial, dada la gravedad de la situación económica en que se encontraba la orden. Tras la opinión del administrador, don Pedro José Lisbona, mostrada por escrito, la condesa se adhirió a lo aplicado por la Real Chancilllería, rebajando de la deuda los arrendamientos correspondientes a los años de 1810 y 1812, que equivalía a la mitad de los cuatro años que estuvieron secuestradas la rentas[328].

En semejantes circunstancias se encontraban las trinitarias calzadas de Granada, que pagaban al conde 1.485 reales y veinticuatro maravedís por el cortijo de Audón o Palomares, en el término de Pinos Puente. En su defensa aducían los socorros cuantiosos con que la comunidad contribuyó para el armamento de la tropa, unidos a su expulsión del convento hasta su recuperación en 1814. La marquesa de Espinardo optó por deducir

---

[328]   A. C. A., leg. 70, c.ª 4.ª, n.º 4.

la cuota dos años, de los cuatro que estuvieron embargadas las rentas del convento.

Un siglo después de la toma de posesión del conde de Sástago, doña María Josefa del Barrio, viuda del administrador don Pedro José Lisbona y sucesora en el cargo, realizó, con fecha 23 de octubre de 1833, una nueva lista con las vinculaciones que don Joaquín Fernández de Córdoba poseía en el citado estado, «deducido de las cuentas únicos documentos que se pudieron conservar de aquel tiempo, con motivo a la imbasión francesa de los años y frutos fin de 1814»[329].

Como bienes inmuebles, el titular del mayorazgo conservaba la casa palacio, situada en la plaza, con un huerto cercado, el molino de tres vigas existente en el barranco y la casa mesón en la denominada placeta de las cuatro esquinas.

En cuanto a la descripción de los bienes agrícolas, a diferencia de la anterior relación, que utilizaba como medidas de superficie la fanega o su doceava parte, el celemín, ahora se medían sus bancales y hazas en obradas y en algunos casos se agregaba la expresión «larga».

Dada la más que pronunciada inclinación de la mayoría orográfica de las tierras del mayorazgo, el relativo allanamiento de los suelos de cultivo se ha conseguido mediante la construcción de pequeños balates o muros de piedra, obtenida con regularidad en su propio terruño, con lo cual las faenas agrícolas y los riegos se hacen más fáciles. La práctica de la agricultura de regadío intensivo conlleva la necesidad de construir muchos kilómetros

---

[329] *Ibidem,* leg. 70, c.ª 5.ª, n.º 3.

de ramales de acequias para la irrigación de sus relativamente pequeños campos.

Debido al reparto de las pequeñas propiedades por prácticamente todo el estado, hemos optado por la realización de cuadros, en cada uno de los cuales se incluyen las propiedades agrupadas por pagos.

Cuadro n.º 37
Posesiones del mayorazgo en Albacete en 1814 (1)

Pago	Acequia	Obradas	Denominación o lugar
Refacción	Beber	0,50	–
Refacción	Beber	1,00	Murallón
Refacción	Beber	2,00	Laderas de la ermita
Refacción	Beber	5,00	Terrones
Refacción	Beber	1,00	Debajo del arco
Refacción	Beber	1,00	En el arco
Refacción	Beber	0,75	Encima del arco
Refacción	Beber	1,00	En el cerrillo
Refacción	Beber	0,75	En el cerrillo
Refacción	Beber	0,50	En el cerrillo
Reacción	Beber	–	Haza en el cerrillo
Refacción	Beber	0,50	El cercado
Albacete	Beber	1,00	Barrio Alto
Refacción	Beber	1,00	–
Albacete	–	1,00	Calle Polo

Pago	Acequia	Obradas	Denominación o lugar
Refacción	Beber	1,50	Camino de la Vega
Albacete	-	0,50	Camino de los Yáñez
Benizalte	Benizalte	0,50	-
Benizalte	Benizalte	2,00	La Morea
Benizalte	Benizalte	1,25	-
Benizalte	Benizalte	2,00	-
Benizalte	Benizalte	1,00	Olivar
Benizalte	Benizalte	0,50	-
Benizalte	Benizalte	1,50	
Benizalte	Benizalte	2,50	-
Benizalte	Benizalte	1,50	
Pago	Pago	1,50	Olivo de las bolas
Pago	Pago	3,00	
Pago	Pago	3,00	Pedregales
Total		39,25	

Fuente: A. C. A.

Cuadro n.º 38
Posesiones del mayorazgo en Albacete en 1814 (2)

Pago	Acequia	Obradas	Denominación o lugar
Mancanzuña	Río Seco	3,50	Marqués
Mancanzuña	Río Seco	0,25	Redondo

Pago	Acequia	Obradas	Denominación o lugar
Del Zute	Del Zute	0,75	-
Del Zute	Del Zute	0,50	-
Del Zute	Del Zute	1,00	Torrecilla
Del Zute	Del Zute	0,50	-
Del Zute	Del Zute	3,00	Los Villarejos
Total		10,40	

Fuente: A. C. A.

Junto a la descripción de las fincas situadas en el pago del Zute aparecen tres inscripciones de difícil comprensión o carentes de datos relativos a sus dimensiones. En cuanto al primer concepto, se dice literalmente «un trance llamado Gutiérrez, dividido en tres, con inclusión del llamado mermejo», o «una haza llamada de larga»[330]. Con respecto al segundo, se cita una «plantonada», sin especificar el tipo de arbolado ni la cantidad.

Cuadro n.º 39
Posesiones del mayorazgo en Albacete en 1814 (3)

Pago	Acequia	Obradas	Denominación o lugar
El Aljivillo	Zute	1,5	-
El Aljivillo	Zute	3,75	Plantonada del Aljivillo
El Aljivillo	Zute	0,75	Gaona

---

[330] A. C. A., leg. 70, c.ª 5.ª, n.º 3.

El Aljivillo	Zute	1,25	Alamillos de Nieto
El Aljivillo	Zute	3,50	Trance de Ancón
El Aljivillo	Zute	1,00	Haza de Collado
-	Vegueta	0,50	De sierra
-	Vegueta	0,25	-
Total		22,50	

Fuente: A. C. A.

Cuadro n.º 40
Posesiones del mayorazgo en 1814 (4)

Pago	Acequia	Obradas	Denominación o lugar
Benisiete	Benisiete	2,50	-
Benisiete	Benisiete	5,50	Vegueta
Fondinar	Benisiete	2,50	Camino cortijo del Cura
Fondinar	Benisiete	2,50	-
Tíjola	Tíjola	3,00-	
Tíjola	Tíjola	9,50	Haza la Grande
Tíjola	Tíjola	3,00	Linda con río Grande
Tíjola	Tíjola	3,25	-
Corrales	-	1,00	-
Tíjola	Ventanas	0,75	Cortijo del Duque
Camacho	S. de Lújar	20,00	Las joyas del marqués
Total		53,50	

Fuente: A. C. A.

En la descripción de las fincas correspondientes a este último cuadro se cita como lindero el molino de Jaute, un haza poblada de álamos y cuatro obradas de tierra junto al río, infructíferas por la excesiva composición de arena procedente del cercano río, denominado Grande. El cortijo de Camacho se encuentra en plena sierra de Lújar.

Dentro de la jurisdicción de Sortes, el señor de Órgiva poseía un cortijo conocido como Besquerina. La edificación de mampostería existente estaba compuesta de una planta baja con cocina, un cuarto, cámara y cuadra. Su piso alto, de iguales dimensiones, estaba destinado a pajar. El ganado era guardado en dos corrales con sus respectivos tinados. Para el riego de sus campos contaba con una gran alberca, pues disponía de una toma de agua durante dos días a la semana procedente del río Lanjarón, a cambio de permitir el paso del ganado del vecino lugar para que pastase en el término orgiveño.

Sus tierras de cultivo, muy abundantes, las componían setenta y dos obradas de olivar y quince obradas de majuelo. Ambas plantaciones habían sido llevadas a cabo, en su mayoría, a mediados del siglo anterior, cuando entró en la posesión del mayorazgo la casa de Sástago. Además de las citadas, se anotan otras catorce partidas compuestas por hazas de distintas dimensiones, que suman un total de 137 obradas, en las cuales no se hace constar arbolado alguno. El monte también era abundante, pues se contabilizan 112 obradas.

Cuadro n.º 41
Posesiones del mayorazgo en Cáñar en 1814

Pagos	Obradas
Cáñar	1,00
De los Almendrales	4,00
De los Almendrales	1,50
Del Cerrillo	0,50
De las Catifas	3,00
Del Manantial	0,50
Del Calvario	2,00
De las Cañadillas	2,50
Del Llano del Manzano	1,50
De la Iglesia Alta	0,50
Del Molino	1,00
Del Molino	0,50
De la Mezquita	1,00
De la Mezquita	1,00
Del Caño	1,50
De los Parrales	0,50
De los Parrales	1,50
Pago de las Heras	3,00
Total	270,00

Fuente: A. C. A.

En Carataunas las posesiones del conde se reducían a un haza de extensión de una obrada de tierra y otra de media junto a la cuesta del macabé o cementerio y las yeseras. En el lugar de Bayacas las posesiones del señor del mayorazgo alcanzaban la cantidad de 4,25 obradas, repartidas en cinco espacios distintos. Aunque en todas ellas se citan los nombres de las personas linderas, no aparece el nombre del pago en el que se encuentran, salvo en una ocasión, en que se cita el pago del Portichuelo. Como datos reseñables se nombran el camino del Cerro, la capellanía de Romero, la hacienda del Sacristán, así como una parcela de media obrada situada en la ribera del río Chico, «muy arenada». Finaliza la relación de bienes haciendo constar que en las mencionadas fincas «existen olivos de diferentes calidades y productos».

APÉNDICE DOCUMENTAL

Documento n.º 1

Archivo de la Corona de Aragón, leg. 70, c.ª 6.ª, n.º 1.

Real Privilegio, si quiere copia, de él de los 250.000 maravedís del juro, situado sobre las alcabalas de Órgiva, sacado del Archivo de Simancas, en 7 de octubre de 1.609.

[Al margen]. Órgiba. Copia del pribilegio de los Reyes Cathólicos de 250.000 mill maravedís al Gran Capitán, sobre las alcabalas de Órgiba y lugares de su taha. Año de 1.571.

Órgiba. Copia de privilegio de 250.000 maravedís de Juro o alcabalas de Órgiba y lugares de su taha y jurisdizión. Nos el Rey e la Reina facemos saber a vos los nuestros Contadores Mayores, que nos acatando los muchos, e buenos, e leales señalados servicios que don Gonzalo Fernández de Córdova, duque de Terranova, Conde de Santángelo, nuestro capitán o lugarteniente general, e de nuestro Consejo nos ha fecho e face de cada día; e porque a causa de la combersión de todos los moros e moras del Reyno de Granada a nuestra santa Fee cathólica, las rentas de la villa de Órgiba, Albacet, con las caserías de henarejos e de los lugares e alcarías de Vayaca, e Carataunas, e xabartuya, e Barja, e Quier, e Becenier, e Pago, e Cáñar, e Beniecad, e Saltys que son en la Thaha de Órgiva, e del Juhel, e del lugar de Busquístar, que es en la Taha de Ferreyra e Poqueyra, que son en las Alpujarras de la ciudad de Granada, de que le ubimos fecho e hizimos merced, han venido en mucha diminución en alguna emienda e remuneración e satisfación de los dichos sus servicios, tenemos por bien e es nuestra merced e voluntad, que haya e tenga de nos por merced, en cada un año, por juro de heredad, para siempre jamás, doscientos e cinquenta mill maravedís situados e salbados en las alcabalas de las dichas su villa, e lugares, e alquerías, e caserías para él e para sus herederos e sucesores [tres palabras tachadas] e para aquel o aquellos, que de él o dellos ovieren causa o razón para que goze de ellos, desde el día de la combersión de los moros de las dichas sus villas, e lugares, alquerías, e caserías, e dende en adelante en cada un año para siempre jamás, nuestro continuo e pribilegio que fue dado en Toledo por los Señores Reyes Cathólicos, don Fernándo y doña Ysabel en tres días del mes de junio de 1502. Refrendado de Miguel Pérez de Almazán, su escribano.

Si los Señores de Órgiva no gozasen de estas alcabalas, pueden // pedir el juro que es de buena calidad y sus atrasos importan muchos reales a razón de 7352 reales y 32 maravedís, en cada un año, y aunque después por la Rebelión y expulsión de los moriscos de las Alpujarras y Taha de Órgiba mudó todo aquel Reyno de Granada de naturaleza, y quedaron los Señores Reyes de Castilla dueños absolutos de todos los pueblos y bienes que dejaron los moriscos, por razón de religión y conquista, pero en quanto a los lugares, bienes y rentas y derechos que los señores tenían y gozaban en dicho Reyno, mandó el señor Rey Felipe 2º, que no se hiciese nobedad y que se les quedase en el mismo ser y estado que tenía antes de la expulsión, rebelión y lebantamiento de los moros, para lo que se despacharon varias zédulas con sus instrucciones, y una de ellas dirigida al Duque de Sesa como Señor de Órgiba y lugares de su taha y jurisdición, que original y acompañada de dicho memorial de instrucción, también original, firmado de Juan Vázquez su secretario y dicha zédula de su Magestad, su fecha en Madrid a 4 de noviembre de

1571, y dicho memorial en 11 de dichos mes y año, se hallaron entre estos papeles originales extractados y sustanciados .Y si no pareciese el pribilegio original del juro, constará en la contaduría de juros, distribución o valores.

A la buelta de dicha copia del privilegio se halla una nota, de letra bastante antigua, // sin firma ni fecha, al parecer de algún criado o administrador o procurador del Duque, en que dice que los contadores del Rey quieren que el Duque haga repartimiento de los 25.000 maravedís del juro entre todos los dichos sus lugares, señalando a cada uno la contía que quisiese y que la señora Duquesa no lo quería assi, sino que estubiese sobre todos juntos y los contadores decían que sus Altezas lo mandaba como ellos decían y que por esta duda se estava sin sacar el privilegio, y assi que su Señoría mandase lo que en esto se había de hacer.

Documento n.º 2

Archivo Histórico de la Nobleza, Luque, c. 78.

Nombramiento de Governador del estado de Órxiva, hecho por el Muy Ilustre Señor don Luis Fernández de Córdova y Ayala, señor de dicho estado, a favor de don Lorenzo de Cepeda, su fecha en Granada, a 10 de noviembre de 1.662, ante Pedro Gonzáles de Santiago, escribano de su Magestad.

[Al margen], Pieza n.º Orxiva. Valenzuela. 10 de noviembre de 1.662.

En la ciudad de Granada, en diez días de el mes de nobienvre de mill y seiscientos y sesenta y dos años, ante mí el escribano y testigos su señoría el Ylustrísimo don Luis Fernández de Córdova y Ayala, del horden de Calatrava, marqués de Valençuela, señor del estado de Órjiva, por la presente nombra por governador y justicia mayor del dicho estado de Órjiva, su término y juridición, a don Lorenzo de Zepeda, el qual pueda usar y exercer el dicho oficio en todo lo a él tocante, y yo este reciente hordeno y mando a todos los concejos del dicho su estado, le ayan y recivan por tal, le asistan y acudan con todos los derechos que le deven tocan anexos, y concernientes a el dicho oficio, y así mesmo le dio poder y facultad según el que dixo tiene por horden y cédulas de su Magestad a el dicho don Lorenzo de Zepeda, para que pueda tomar la residencia a don Pedro Moreno, de todo el tiempo que a usado el oficio de gobernador del dicho estado, escribanos y demás oficiales y ministros, la qual publique y haga notorio en todo el dicho estado, reciviendo sumarias informaciones, hacer cargo y recivir discargo determinando los processos con açesor persona de letras para cuio efeto le da facultad para poder nombrar escribano ante quien// haga la dicha residencia al que le parezca, como no sea el que de presente a sido, par aber de ser residenciado, que quan bastante poder y comisión se requiero, para ello e se le da y otorga y este nombramiento le hace de tal gobernador y Justicia Mayor del dicho don Lorenzo de Zepeda, por el tiempo que fuere su boluntad, para le revocar con causa o sin ella y así lo dixo y otorgo y firmo, siendo testigos don Melchor de Çepeda y Juan Narbaez y don Jil Fernández, becinos y estantes en Granada. El Marqués de Balenzuela, ante mi doy fe conozco a el otorgante. Pedro González, escribano. Yo el dicho Pedro González de Santiago, escribano del Rey nuestro Señor, vezino de Granada, presente fuí y en fe dello lo signé día de su otorgamiento. En signo de verdad. Pedro González. (Firmado y rubricado)

En la villa de Alvacete de Órxiva, en once días del mes de noviembre de mil seiscientos y sesenta y dos años, estando en Cavildo la Justicia Reximiento desta villa conviene saver licenciado don Pedro Moreno, governador y Justicia Ma-//yor Juan Martín Montero, Pedro Mosquera, alcaldes urdinarios, Julián Martín, Juan de Alcazar, rexidores oficiales deste Concexo, y el señor liçenciado don Pedro Moreno dixo: que le asido mostrado este nombramiento del señor marqués de Valenzuela, mi Señor y deste estado, en que manda nonbrar por Governador y Justicia Maior del, al señor don (…) Cepeda, vecino de la ciudad de Granada, para que sea admitido en el dicho oficio de Governador, y en su qunplimiento assi anda lo visto y leído por el señor escrivano (…) junto todo lo que (…) y mandaron diese juramento conformado a derecho la vara de la justicia para que use como se manda de todo lo qual doi fee y para que dello coste (…) dicho día mes y año dicho y en fee de ello lo firmé. Francisco escribano.

Documento n.º 3

Archivo de la Corona de Aragón, leg. 70, c.ª 7.ª, n.º 2.

Testimonio de la posesión del estado de Órgiva, dado al Excelentísimo Señor Conde de Sástago, en 21 de henero de 1.732.

Francisco de Ortega González, escribano del Rei Nuestro Señor, público en todos sus reinos y señoríos y uno de los del número perpetuo de esta ciudad de Granada y su tierra por su Magestad, doy fee que por unos autos posesorios que penden ante mi, y en mi Oficio consta y parece que por el licenciado don Joseph Phelipe presbítero racionero de la Santa Yglesia Collegial desta (…) de la villa de Pina en nombre y en virtud de poder del Excelentísimo Señor don Christoval Fernández de Córdova y Alagón, Conde de Sástago, se pareció ante la justicia de la villa de Órjiva y por petición que presentó el día veinte del mes de septiembre del año pasado de setecientos y treinta, expresó que dicho Excelentísimo Sr. avía seguido pleito ante los señores del Consejo de su Magestad en el real de Castilla, con la señora doña María Vicenta Benegas, Marquesa de Valenzuela sobre la tenuta y posesión y posesión del Estado y Maiorazgo de Órjiva y que por su Magestad y señores de dicho su Real Consejo se le avía mandado dar la posesión de dicho Estado y Maiorazgo con todos los vienes a él // anejos pertenecientes y los frutos y rentas que huviesen rentado y podido rentar desde la muerte del último poseedor como constaba de certificación que presentó dada por don Juan de Hicaza y Moral escribano de Cámara de dicho Real Consejo y para que se le diese dicha posesión en dicho

nombre y en virtud de su poder de que también hizo presentazión y con que requixio a dicho a dicha justicia pidió se huviese
por requerida y que en execución y cumplimiento de dicha
sentencia se le diese la posesión de dicho Estado y Maiorazgo
con la posesión zivil y criminal, alto y bajo meromisto imperio
con todos los vienes y rentas pertenezientes a dicho Estado con
lanzamiento de qualquiera otro detentador y que se requiriese a
los arrendadores y detentadores de los vienes y rentas de dicho
Estado le acudiesen con el producto de ellas vencidas y que se
venciese en adelante haciéndoles para ello los requerimientos
necesarios y por auto proveido por dicha justicia el referido día
se huvieron por presentados dicho poder y certificación y que
se le diese la posesión que pedía y que se requiriese a todos y
quales quiera deudores de- // tentadores de los vienes y rentas
de dicho Estado acudiesen al dicho Excelentísimo Señor o en
su nombre al referido don Joseph Phelipe su apoderado con el
producto de ellos vencidos y que se venciesen en cuio cumplimiento estando en la Casa Palacio de dicho Estado don Miguel
Joseph de Ribera Governador del, Joseph Sánchez, alcalde, y Juan
Pérez Rodríguez y Pedro Jiménez Bueno, rejidores de dicha villa
juntos en su a ayuntamiento por el dicho licenziado don Joseph
Phelipe en dicho nombre pidió se le diese la posesión de dicha
villa y lugares de su Estado, la que por el dicho governador se le
dio y en señal de ella recogió las baras de dicha justicia las que
juntas con las entregó al suso dicho governador en nombre de
dicho excelentísimo señor dio la bara de gobernador de dicho
Estado a don Raimundo Aznar y las demás a los dichos ministros para que usasen los oficios como las tenían y lo ofrecieron
así ejecutar y juraron de usarlos bien y fielmente y reconocer a

dicho excelentísimo señor de dicha villa y lugares de su Estado y de como tomaba dicha posesión quieta y pacíficamente sin contradizción de parte alguna lo pidió por testimonio que se le dio por Franzisco de // Zéspedes Bueso, escribano público de ella, y después en la misma forma se le dio la posesión de la jurisdicción de los lugares de Baiarcas, Carataunas, Soportújar, Barja, Cáñar, Sortes y Busquístar y Benisalte, y por el governador de dicha villa de Órjiba, estando en la Casa Palacio de los señores de dicho Estado dio la posesión de ella al dicho don Joseph Phelipe en nombre de dicho Excelentísimo Señor Conde de Sástago en voz y en nombre de los demás vienes y hazienda de que se componía dicho Maiorazgo. Y en el día veinte y seis del referido mes de septiembre de dicho año por dicho don Joseph Phelipe en dicho nombre y en virtud de dicho poder se parezió ante la justicia de esta ciudad y ante mi como tal escribano haziendo relazión del pleito que así avía seguido dicho señor ante su y dichos señores de su Real Consejo de Castilla con dicha señora doña María Benegas como madre, tutora y curadora de la señora doña María // Vizenta Benegas Marquesa de Valenzuela sobre la thenuta y posesión de dicho Estado y Maiorazgo de Órjiba y vienes comprehendidos en la escritura de transacción que se avía otorgado en esta ciudad en el año de mil quientto ochenta y cinco, entre doña Francisca Fernández de Córdova, Duquesa de Sesa , don Antonio de Cardona, Duque de Soma y don Luis Fernández de Córdova, alférez maior de esta ciudad y que por su Magestad y señores del dicho su Real Consejo lo avía mandado dar a dicha su parte la posesión de dicho Estado y Maiorazgo y de todos los vienes, ventas y derechos a él pertenezientes que hubiesen rentado y podido rentar desde la muerte de don Antonio Domingo su último poseedor como constaba de la certificación citada dada por dicho don Juan de Terra y Moral de que hizo presentazión y del poder que tenía de dicho Excelentisimo Señor y pidió se le mandase dar la posesión de tres cortijos y demás rentas y vienes pertenezientes a dicho // Maiorazgo que estaban en los términos y jurisdicción de esta dicha villa y que los arrendadores y detenedores de las rentas de dichos vienes le acudiesen con ellas las que huviesen vencidas y se venciesen en adelante, y por auto de dicho día se huvieron por presentados dichos y se mandó dar la dicha posesióny que se requiriese a los inquilinos arrendadores y censatarios le acudiesen con las rentas corridas y que corriesen de dichos vienes a que en caso necesario se le ejecutase y apremiase conforme a derecho cometiéndolo a las justicias de las villas y lugares del distrito y jurisdicción de esta ciudad por quienes se le dio la posesión en dicho nombre de diferentes cortijos en el término de la villa Yllora y lugar de Pinos de la Puente como vienes del referido Maiorazgo y en esta ciudad se le dio de una casa que está en el barrio que llaman de la Antequeruela collación de san Cecilio y todas sin contradicción de persona alguna de que se da fee, según que todo lo referido más largamente consta de dichos autos // que orijinales por ahora quedan entre los papeles de mi oficio a que me refiero y para que conste de pedimento de la parte de dicho Excelentísimo Señor Conde de Sástago doi el presente que signé y firmé en Granada en veinte y uno de enero de mil setecientos y treinta y dos años.

(Signado y rubricado) Francisco de Ortega.

Documento n.º 4

Archivo Histórico de la Nobleza, Luque, c. 306.

Nombramiento que hizo, el Muy Ilustre Señor Marqués de Algarinejo, de alcalde en favor de Francisco Pobeda y de regidor en Juan Martínez, del lugar de Bayacas, como señor de él, cuyo nombramiento fue expedido en la ciudad de Granada, a 21 de enero de 1.669.

Don Luis Fernández de Córdova y Ayala, cavallero del Orden de Calatraba, Marqués de Valenzuela, Señor de la villa de Alvaçete de Órxiva y su Estado, haviendo visto las elecciones de oficiales de Conxejo del lugar de Bayacas del dicho Estado, nonbró por alcalde a Francisco Poveda y por regidor a Juan Martín, a los quales doy comisión en forma para que sean tales oficiales de Conxejo y para que el dicho alcalde pueda traer bara alta de Justicia en el dicho lugar y su término y para que conozca de qualesquier causas de daños que con los ganados se hicieren en las tierras de las suertes de población en el dicho lugar y su término sentenciandolas hasta en cantidad de trecientos maravedís y no más y hacer pagar los daños que se apreciaren y que le guarden los arbolados, panes y azequias y que los ganados que los hicieren los pongan en el corral de Consejo, y prender qualesquier delinquentes y honbres de mal bivir y remitirlos al Governador que es o fuere del dicho Estado y el dicho regidor pueda haver posturas en los mantenimientos que se truxeren y bendieren en el dicho lugar y apremiar a los vecinos del, limpien las acequias y aderecen los caminos y balates del, y su término como lo an hecho sus antecesores, y mando a los vecinos del dicho lugar de Bayacas estantes y abitantes en el tengan a los suso dichos por tales oficiales de Conxejo y les guarden todas las honrras franqueças y libertades que por raçon de los dichos oficios se le deven guardar que les den todo el favor y ayuda que les pidiesen y huvieren menester para la buena administración de sus oficios sopena de tres mill maravedís para mi Cámara y gastos de justicia por mitad cada (…) que lo contrario hiciere y mando que antes que sean recividos al uso y exercicio // dellos hagan el juramento acostunbrado de que los usarán bien y fielmente y este nonbramiento hago por el presente año, más o menos lo que diere mi voluntad el qual les mandé despachar firmado de mi mano y sellado con el sello de mis armas, fecho en Granada a treinta y un días del mes de henero de mill y seiscientos y sesenta y nueve años. Su ilustrísima, el marqués de Valenzuela. Por mandato del Marqués, mi señor, Marcos de Riaza, escribano.

Documento n.º 5

Archivo de la Corona de Aragón, leg. 70, c.ª 2.ª, n.º 3.

Concesión del Rey don Felipe Quinto, a favor del señor de Órgiva de las alcabalas, tercios reales, cuentos millones.
[Al margen]. Real título.

Don Pedro Vidal y Asín, notario público del número y casa de la ciudad de Zaragoza, en ella domiciliado.

Certifico: que por don Bernardo Segura, administrador general y apoderado legítimo del excelentísimo señor Conde de Sástago, se me ha exihivido el Real Título con los documentos que le subsiguen unidos a dicho Real Título que uno después de otro a la letra dicen assí: don Phelipe Quinto por la gracia de Dios, Rey de Castilla, de León, de Aragón, de Portugal, de las dos Sicilias, de Jerusalén, de Navarra, de Granada, de Toledo, de Valencia de Galicia, de Mallorca, de Sevilla, de Zerdeña, de Córdova, de Córcega, de Murcia, de Jaén, de los Algarves, de Algeciras, de Gibraltar, de las islas Canarias, de las Yndias Orientales y Occidentales, yslas y tierra firme, del mar occeano, Archiduque de Austria, Duque de Borgoñ, de Milán, Conde de Abspurg, de Flandes, Tirol y Barcelona, señor de Vizcaya y de Molina (…) Por quanto con el motivo de la continuación de la guerra en tanto y partes y provincias de España y de lo que precisaba la defensa de mis dominios para mantener la religión la livertad y el honor de la nación y solicitar los medios para la manutención y aumento de las tropas // por órdenes mía de veinte y uno de noviembre del año de mil setecientos y seis, veinte y siete de junio y tres de diciembre de él de mil setecientos y siete resoluzión valerme por dos años que cumplieron fin de junio de el pasado de mil setecientos y ocho de las alcabalas, tercias reales, cientos millones y demás rentas, derechos y oficios que por qualquier título, motivo o rezón se hubiesen enagenado y segregado de la Corona assi por mi como por los Reyes precesores en qualesquier tiempo o circunstsncia que hubiese sido y mandé que en el referido término se presentasen en la junta que determine formar de ministros de mi mayor satisfacción por su celo integridad y literatura por todas las personas interesadas, los privilegios, despachos y demás papeles que tuviese cada uno para justificación de la forma en que poseían estas rentas a fin de que en su vista se me consultase por la junta gubernativamente lo que se me ofreciese y pareciese, y en fuerza de la expresada resolución se acudió a ella por parte del Marqués de Valenzuela, haciendo presentación de diferentes instrumentos por donde constó que los Reyes Católicos don Fernando y doña Ysabel en atención a los muchos, buenos, leales y señalados servicios que había hecho y hacía cada día don Gonzalo Fernández de Córdova, assi en la guerra de los moros y conquista del Reino de Granada, como en las partes de Ytalia, le hicieron merced y donación, para siempre jamás, para él sus herederos y subcesores de la villa de Órgiva, el Vacete, caseríos de henalejos y de los luga-//res y alarias de Bayaca, Cartunas, Jabotaya, Varial, Quier, Vecenier, Pago, Venalzalte, Sortis, que era en el taha de Órgiva y del Jubiel de el lugar de Bosquístar, que era el thaa de Ferreira y Poqueira, con todos sus términos, tierras y distritos, territorios, vasallos, que en dicha villa y lugares había y hubiese en adelante y la justicia, jurisdicción civil y criminal, alta, vaja, mero misto imperio; casas, huertas, corrales, viñas, tierras labrada y no labrada, prados, pastos abrebaderos, hejidos, sotos, árboles frutuosos e infrutuosos, montes, dehesas, ríos, molinos, fuentes, aguas, estantes y manantes, escribanías, alguacilazgos, servicios, fueros y derechos y otras qualesquier rentas penas, calumnias que hubiese en la referida villa y lugares, diezsmos de los moros que vivían y viviesen en adelante en ella y sus términos (los quales pertenecían a los Reyes en virtud de bula y provisión apostólica) y todas las demás cosas que tubiese y pudiese tener la dicha villa y lugares , (escepto la soberanía de la justicia real) y que las apelaciones fuesen ante los oydores de la Chancillería de Granada y que no pudiese él ni sus sucesores edificar de nuebo fortalezas algunas más que las que había sin licencia y que si hubiese de haber escribanos públicos christianos fuesen en virtud de reales títulos y reservándose también los mineros de oro y plata y otros metales si los hubiese y todo lo demás perteneciente a la preeminencia y soberanía real, y assi mismo las alcabalas y tercias si los hubiese quando fuese la villa y lugares poblados de christianos por que // siéndolo de moros no las había de haber y asi mismo las monedas y moneda forera quando se mandase repartir excepto de esto de todo lo demás le hizo gracia merced y donación perpetuamente para siempre jamás de que los dichos reyes le dieron su carta en la ciudad de Granada en veinte y seis de septiembre de mil quatrocientos y noventa y nuebe la qual se presentó por parte de dicho Marqués de Valenzuela por copia sacada de el Archivo de Simancas, en virtud de cédula de el Rey, y don Felipe Tercero de 24 de septiembre de mil setecientos y nueve a pedimento de don Antonio Fernández de Córdova, dueño de las dichas villas acompañada de testimonio de Silvestre de Zéspedes Bueno, escribano, dado en la villa de Órgiva en trece de enero de este año, por donde constó importaban las referidas rentas siete mil quatrocientos y trece reales de vellón, cada año y que se componían de censos de casas un cortijo que llaman de Vezquerina, dos molinos de aceyte censos de otros molinos de pan moler de hazas y olivos, morales, de adealas de gallinas que en propiedad tenía y había tenido la casa y dueños de aquel Estado en virtud de privilegios reales cuyas haciendas se habían arrendado y hoy lo estaban por dicho Marqués y que de orden del presidente de la Chancillería de Granada estaba hecho embargo en dichas rentas con motivo de el valimiento y también presentó otro testimonio dado por Alonso de los Cobos, familiar del Santo Oficio, capitán de infantería, veedor y de maestranza, contador de la Real Hacienda de el Soto // de Roma y notario de el Arzobispado de Granada, su fecha en ella en 23 de junio de el año de mil setecientos y ocho por donde constó que entre diversos papeles e instrumentos de rentas decimales que paraban en su poder había una transación y concordia otorgada entre don Pedro Guerrero, Arzobispo que fue de aquella diócesis como administrador de las yglesias, fábrica y hospitales de aquel Arzobispado y don Gonzalo Fernández de Córdova, sobre que este y sus hermanas volviesen y restituyesen a las yglesias las dos partes diezmos y las haciendas de havices que en virtud de privilegios posehían en la villa y Estado de el Vacete de Órgiva por tocar a las yglesias en virtud de instituciones canónicas y sobre que se había seguido pleito en la Chancillería en que obtubieron sentencias a su favor (no obtante los privilegios y mercedes y también confirmadas en primera instancia con la fianza de las un mil y quinientos doblas con los frutos y rentas que habían rentado y debido rentar sobre que transigieron la cosa juzgada en que las dichas yglesias quedasen con todos los diezmos enteramente y la casa de Sesa tan solamente con las haciendas y bienes de ábices y con remisión de los frutos y rentas y con calidad de que se había de aprobar la transación asi por el Real Patrimonio de las dichas yglesias como por la prohivición que la dicha casa de Sessa tenía en delante de enagenar y con otra calidad y condiciones y por ejecutoria merced // o previlegio de el rey don Felipe segundo a instancia de la dignidad Arzobispal y de don Gonzalo Fernández de Córdova se despachó su carta de confirmación de la referida transación en 12 de septiembre de mil quinientos y sesenta y ocho, y por escritura otorgada entre las partes referidas en virtud de la confirmación antecedente aprovaron la espresada transación y últimamente por otra de once de octubre de el referido año de mil quinientos y sesenta y ocho todo lo qual se había observado hasta oy y todos los espresados diezmos sin separación de el dicho canónico y eclesiástico los habrá administrado y administraba la arzobispal sin intervención de otra persona alguna y convertiéndolos en los efectos de sus consignaciones sin que constase que la casa de Sessa hubiese tenido desde la transacción, pretensión parte ni acción a los diezmos, si sólo a los ábices. Y por certificación de don Pedro de Chaure, contador y oficial mayor de la contaduría de las yglesias del Arzobispado de Granada de veinte y cinco de Junio de el año pasado de mil setecientos y ocho, parece haberse hecho cargo a los tesoreros nombrados por el Arzobispo y sus antecesores de todos los diezmos de el Estado de Órgiva sin que en ellos tengan parte los prelados y cavildo de la santa Yglrsia por quanto se arrientan por comisión de los prelados en quien más

da y se distribuyen en la paga de los pontificales de los beneficiados, curas, sacristanes, acólitos y demás ministros de las yglesias,
que se les libra por los tercios del año por nóminas despachadas
por la contaduría, gastos de fábrica menores, cera, vino, hostias,
labado de ropa, aceyte, para las lámparas de el Santísimo orna-//
mentos de lienzo y seda, fundiciones de campana, fábricas de
yglesias y reparos de ellas y otros gastos causados y que se cau-
saban y la carga de el sussidio que se le repartía por el dean y
cavildo y no constaba que dichas yglesias tubiesen otras rentas y
un memorial que dio referido Marqués de Balenzuela me suplicó fuese servido mandar declarar las espresadas rentas libres de
el decreto de incorporación y validamiento y visto en la referida junta y dádome cuenta de lo que se la ofrecía en consulta de
doce de este presente mes vine en consideración de que la concesión primitiva de los Reyes Catholicos fui por servicios señalados en la conquista de el mismo Reyno donde se situó la
merced en que se le mantubiese en la propiedad y goce de los
ábices y demás rentas de censos, casas, cortijo, gallinas y molinos
de aceyte exceptuando todo de el decreto de yncorporación y
de el de balidamiento escepto los dos molinos de aceyte que por
lo que a ellos toca le ha de satisfacer y para que mi resolución
tenga efecto he tenido por bien de dar la presente por la qual
apruebo, confirmo y ratifico la espresada merced y es mi voluntad que assi al dicho Marqués de Valenzuela como a sus sucesores se les mantenga en la propiedad, uso y percepción de las espresadas rentas, sin que por mí, ni los reyes que después de mi
vinieren se les inquiete, ni pueda inquietar en su justa poseesión
por declarar (como declaro) son exceptuadas del decreto de
Yncorporación y valimiento; y man-//do que en caso de estar-

le embargadas las espresadas rentas de ábices, casas, censos, cortijos y gallinas, por razón de él se le desembarguen luego por los ministros que han entendido y entienden en su esacción restituiendole las cantidades que se hubieren cobrado de ellas por razón del espresado valimiento, y así mismo mando que constando haber enterado [entregado] por lo que toca a los molinos de aceyte el importe de los dos años que cumplieron en fin de junio de el pasado de mil setecientos y ocho se alce el embargo hecho en ellos para que los goce como las demás rentas. Y para que todo ello se cumpla y tenga la más firme y perpetua validación se sentará esta mi carta de confirmación en los libros de lo salvado que tienen el Governador y los de él mi Consejo y Contaduría Mayor de Hacienda, para que en todo tiempo conste y que se tome la razón por los contadores de mis libros de rentas y por don Pedro de Rogibal que lo es de resultas y de la dicha Junta nombrado por mi, fecha en Madrid a treinta y uno de julio de mil setecientos y nuebe Yo el Rey. Yo don José de escribano del Rey nuestro señor le hice escribir por su mandato, el Conde de Gramedo, don Juan Antonio de Torres. El Marqués de Andra. Vuestra Magestad se sirve confirmar el Marqués de Balenzuela y sus sucesores diferentes rentas que goza en el Estado de Órgiva declarando Vuestra Magestad son esceptuada del decreto de incorporación y valimiento, escepto los molinos que son comprendidos en él. Consultado. Sin derechos. Arrendose el traslado de la cédula de Confirmación de Su Magestad escrita en las cinco hojas como está en los libros de lo salbado que tienen el Gobernador y los de su Concejo y // Contaduría Mayor de Hacienda como por ella se manda, en Madrid a catorce de septiembre de mil setecientos y nuebe años., don Alejandro

Grarbar , don José de Villazán 114 maravedís, tomaron la razón de la cédula de confirmación de Su Magestad escrita en las cinco ojas, con esta sus contadores de los libros de rentas como por ella se manda en Madrid a catorce de septiembre de mil septecientos y nuebe, don Alexandro Grarbar, don José de Villazán 114 maravellis, tomó la razón de la cédula de Su Magestad escrita en las cinco ojas con esta. Madrid trece de septiembre de 1709, don Pedro de Rogibal, 114 maravedís sin derechos, tómose la razón en la contaduría de valimiento. Madrid 24 de septiembre del 1709, Bernardo Francisco de Aznar. En los libros de la Contaduría de Cámara General Cristóbal de Arco de rentas y millones de Granada, queda copia de la Cédula de Su Magestad escrita en las cinco ojas con esta.

Documento n.º 6

Archivo de la Corona de Aragón, Sástago, Diversos, leg. 56.

1.800 al 1.803. Cartas del Governador de Órgiva.
Órxiva, 2 de agosto de 1.803. Del gobernador.

Excelentísimo Señor. Señor. Deseando, en cumplimiento de mi obligación por todos los medios posibles, el alivio de esta villa y sus lugares, no he cesado de trabajar con el mayor desvelo desde mi ingreso en esta Real Jurisdicción para conseguir la paz pública, tranquilidad y recta administrazión de justicia, obscurecida y coartada por muchos años en estos pueblos prevaleciendo contra ella la iniquidad y la infamia como igualmente apartar de la Casa de Vuestra Excelencia la injusta enemiga que profesaban estos moradores introduciéndoles con suavidad en sus corazones que quantas pretensiones se deducían por su parte eran a derecho conforme y lo que en contra de Vuestra Excelencia opinaban e intentaban persuadir era por fines y resentimientos particulares que obcecados con ellos no les daba lugar a conocer la verdad ni la justicia previniendo lo difícil que me era el remedio por considerar ser indispensable permanecer indeciso o de lo contrario exponer la vida, me vi en la precisión de dar de todo cuenta a Vuestra Excelencia como ya le consta, manifestándole los muchos desordenes que se experimentaban y que calmarían con el esterminio de Bernardo Braojos, escribano de esta villa, único móvil // y causa de tantos males, al mismo tiempo que de acuerdo y asistencia del vuestro administrador don Josef Lisbona practique diferentes gestiones con los señores jueces del crimen de la Real Chancillería del territorio y principalmente con el señor don Vicente Matheo de Sorribas su Governador que es en la actualidad y lo era en el año de 98, quien inteligenciado completamente acordó se formase un papel anónimo que contuviera todos los particulares para de este modo tratar del castigo.

Así se hizo se le dio curso pasando al señor fiscal quien sin embargo de la qualidad del papel pretendió se admitiese justificación únicamente sobre dos particulares sin tocar a los demás, lo decretó la sala dando comisión al realengo más cercano, pasó el Alcalde Mayor de Motril a Órgiva justificó perentoriamente que a él Bernardo Braojos le llamaban públicamente el Rey que decían Godoy como su primer Ministro a un tal Marfil que los dos alcaldes eran sus compadres que el síndico personero era su hijo Felix Joséf Braojos para comprobar su depotismo en sacar (…) a su gusto y que no se hiciese otra cosa que sus vanos e infundados antojos, que Vicente Braojos su sobrino había hecho una muerte talando los montes y encinares y por sus respetos no se le capturaba, que Eusebio e Ygnacio Braojos y Fernando Gordillo de exercicio contrabandistas y malhechores eran sus sobrinos y que bajo su patro-//cinio y amparo se paseaban escandalosamente por las calles asociados de otros infinitos forajidos de la hoya de Málaga y otras partes, que sus caballos trillaban sus parvas que asistían a las casas del escribano a un público juego de banca que tenía en ellos, que era un declarado protector de contrabandistas y por último resultó por testimonio havía entonces 72 contrabandistas en esta villa con 140 cargas de tabaco y otras de ilícito comercio y hasta los marineros y patrones del barco.

Esta justificación con informe del mismo Alcalde Mayor en que decía que interior permaneciese en Órxiva Bernardo Braojos no se administraría junta ni tendría el Rey vasallos que le obedecieran la remitió a la Hazienda y esta por no haber cumplido el Braojos con su providencia de 2 de diciembre de 99 y 23 de enero del corriente en que le mandaban procediere a la prisión de los citados sus sobrinos y haber estendido dilijencias aéreas y falsas de haberlos buscado y no haberlos encontrado proveyó auto en 22 de febrero condenándolo en la multa de 300 ducados que se le exijieron inmediatamente y mandándolo conparecer y habiéndose presentado lo capturaron y pusieron en la pública cárcel de Corte de Granada donde permanece hasta ahora.

De ello me libraron Real Provisión secreta para justificar como interín que Braojos practicaba las dilixencias de prisión // de sus sobrinos se estaban estos paseando públicamente y como que esto era notorio no hubo inconveniente en probarlo resultando falsas aquellas y engañando a un tribunal superior.

Se recibieron su declarazión y confesión y la causa a prueba con todos cargos, artículo el Braojos la que le pareció a persuadir que don Gabriel de Ledesma, actual cura y Vicario de esta villa era su enemigo capital y el autor del papel anónimo que los testigos eran sus parciales que no había jamás corregido por su oficio con otros puntos a destroncar y desvanecer quanto tenía probado. Vino receptor de la Chanzillería a hacer la prueba y a la ratificación de los testigos del sumario hecho por el Alcalde Mayor de Motril y del que yo hice conociendo que estos hombres no viven de otra cosa que de semejantes comisiones y que a veces cometen infamias por el vil precio del interés a que se sujetan sin sopresar los límites de la justicia constándome las órdenes de Vuestra Excelencia consulté el caso con dicho vuestro administrador don Joseph Lisbona haciéndole ver que si se perdía la presente coyuntura todo se aventuraba jamás se lograría tal ocasión y nos aventurábamos a que el receptor cometiese una maldad que los testigos de los sumarios que se retractasen y entonces nada se había adelantado quando se interesaba tanto en el //exterminio de un hombre perjudicial a la vindieta pública y enemigo de Vuestra Excelencia y de sus lexítimos derechos con lo que convencido de estas verdades y de que Braojos estaba instando al receptor para que tomas dinero por sacarlo con victoria (…) havía percibido seis mil reales de la venta de una haza me previno dicho vuestro administrador tantease yo ocultamente al citado receptor y viese en que términos se podía negociar para que obrase en justicia y no cometiese alguna de las muchas maldades que acostumbran en efecto con el mayor sigilo me avisté con el comisionado, principió a ponderar como lo han de ordinario y comprehendiendo yo la trama que de improviso havía armado el Felix Braojos hijo del escribano para que los testigos se retractasen y probase quanto quisiere sin embargo de que el receptor me aseguraba que en no dándole seis mil reales los tomaba de el escribano lo ablandé en parte y conseguí quedáramos convenidos en quatro mil reales para él y quinientos para su oficial. No puedo ponderarle a Vuestra Excelencia el rubor que me causa estender tales líneas que demuestren el manejo criminal que se observa en estos tiempos para que guarden justicia, busqué en seguida dicha cantidad y habiendo visto prolixamente la prueba e inspeccionado haberle valido contra producentemente y ratificados los testigos de los sumarios llanamente se la entregué y marchó, avisé a vuestro administrador y le pareció excesiva la suma --- hecho cargo de la // razón me insinuó se representaría a Vuestra Excelencia como lo executo y en el caso de que no tenga a bien abonarla que confio de su mucha vondad no dejara de pasarla en cuenta estoy presto a solventarla de mis intereses quedándome la satisfacción de haverlo hecho en honor de la casa de Vuestra Excelencia y por la recta administración de justicia.

Aseguran haver pedido el Braojos prorroga del término de prueba y que va a articular, más esto parece malicioso, Dios permita no embuelba mas enrredo y vea necesario meterse en nuevo laberinto ni receptor porque es regular recuse ---al primero y venga buscando testigos de su (…) que desvaraten lo hecho.

Con lo antecedente penetrara Vuestra Excelencia hay suficiente meritto para el esterminio y privación de dicho escribano a lo que agregándose un testimonio que acabo de remitir a la sala de varios crímenes del Braojos encontrados en su oficio (…) en minuta papel sellado en blanco y otros innumerables coadyuba a la total privazión esto es obrando en justicia que no se puede confiar e ignor por donde partirá el tribunal que si lo permite bolber a Órxiva se llamaran sus moradores infelices y des-// graciados y clamarán al cielo pidiendo venganza, por lo mismo suplico encarecidamente a Vuestra Excelencia que como padre de estos sus abatidos vasallos procure con la mayor eficacia liberarlos del yugo y esclavitud que han padecido con un déspota cruel, haciendo las gestiones más entrañables y la causa publica de sus pueblos como suya para esterminar al Bernardo Braojos de esta villa de cuyo modo se subsanaran tantos perjuicios, Vuestra Excelencia ensalzado y loado por sus amados vasallos y estos libres para poder exercer el uso de sus derechos.

Deseo continuar ocasiones de acreditarle a Vuestra Excelencia mi gratitud y fidelidad y que me imponga los preceptos de su mayor agrado, celebrando su buena salud y que no haya la más mínima novedad en su Excelentísima familia en cuyo obsequio y servicio ansio emplearme. Dios guarde a Vuestra Excelencia muchos años. Órxiva 9 de junio de 1800. Excelentísimo Señor. Beso la mano a Vuestra Excelencia su humilde criado… y obligado servidor. Nicolás Velázquez y Zurita (rubricado).

Documento n.º 7

Archivo de la Corona de Aragón, leg. 70, c.ª 9.ª, n.º 8.

Señores del Ayuntamiento de Cáñar.

Don Manuel Díaz Tello, vecino de la villa de Órxiva y arrendatario y encargado por el Excelentímo Señor Conde de Sástago de todo su caudal en esta villa y pueblos de su Baronía a vos con el debido respeto les hago presente se sirvan facilitarme certificación de la cantidad que paga Su Excelencia por la contribución de inmuebles en este presente año en dicho pueblo como ygualmente las costas que le ha correspondido pagar, del empréstito forzoso de los sien millones. Y a vos... que por el secretario a dicha Corporación se sirvan entregarme la referida certificación de lo que llevo solicitado para conoscimieno de mis principios gracias que hespero merecer de la restitud de vos. Dios guie a vos muchos años. Órxiva 29 de julio de1848. Manuel Díaz Tello (rubricado). [Al margen] auto. Dese por el secretario de este Ayuntamiento las certificaciones que solicitan del cupo en la contribución de inmuebles del corriente y la que le ha correspondido a dicho Sr. con el empréstito reintegrable de los cien millones de reales y ebacuado entregen para el uso que le combenga, así lo mando y firmo, don Antonio Vargas, alcalde presidente de este Ayuntamiento. En Cáñar a veinte y siete de julio de mil ochocientos cuarenta y ocho. Por mandato de dicho señor Antonio de Vargas (rubricado) Antonio Pérez, escribano (rubricado).

Yo el infrascrito secretario del Ayuntamiento constitucional de este pueblo de Cáñar del partido judicial de la villa de Órxiva en la jurisdición de Granada. Certifico: que al Excelentísimo Señor Conde de Sástago le ha correspondido en la contribución de inmuebles del corriente año como forastero que… y según este mandado a todos los de… quinientos veinte y veinte y nueve maravedíes. Así mismo, certifico que en el repartimiento de cuatro mil doscientos reales que ha correspondido a este pueblo en el empréstito de cien millones de reales veinte y le ha correspondido al Excelentísimo Señor Conde de Sástago la cantidad siguiente:

La cantidad líquida de doscientos ochenta y dos reales de vellón que representa por el reintegro de la trescientos reales de vellón mediante el abono del 6 por ciento de descuento que previene el artículo 8º del Real Decreto de 21 de junio último. Y para que así conste en cumplimiento de lo mando doy y firmo la presente en Cáñar a veinte y siete de julio de mil ochocientos cuarenta y ocho. Antonio Pérez, escribano, (rubricado).

Los infracrytos escribanos de Su Magestad públicos del número y juzgado de la villa de Órgiva y su partido en la provincia de Granada.

Damos fe que don Antonio de Vargas y don Antonio Pérez por quien aparese firmado las ante mi diligencias de primer de Alcalde y de segundo secretario del Ayuntamiento de Cáñar y las firmas con que las autorizan son de su puño y letra y las que acostumbran poner en todos sus escritos dándoles entera fe en juicio y fuero de el. Y para que conste a instancia de parte signamos y firmamos la presente en Órgiva a veinte y nueve de julio de mil ochocientos cuarenta y ocho.

(Firmados y rubricados) de Hernández Nieves, Escribano. Gratis; Juan de D. Hernández de Molina. De nada; Felix García Villalobos, gratis.

Documento n.º 8

Archivo de la Corona de Aragón, Sástago, Diversos, leg. 56.

1.800 al 1.803. Cartas al Governador de Órgiva.
Órxiva, 2 de agosto de 1803. Del gobernador.

Órxiva del Governador. 6 de julio de 1801. Señor don José de Fuentes y Ravierre. Mui Señor mio, de mi primer respetto y estimación con esta fecha represento a Vuesta Excelencia nuestro dueño lo que verá y he de merecer a su mucha atención y favor coadyube en quanto sea dable a la feliz resoluzión de lo que solicito que me parece arreglado, como también a lo que pueda redundar en mi beneficio que no lo dudo de su bondad siendo por ello eternamente reconocido. Deseo lo pase Vuacencia sin novedad y que me imponga los preceptos de su agrado, interin pido a Dios que su vida muchos años. Órxiva 6 de julio de 1.801. Beso la mano a Vuazencia su mas atento seguro y obligado servidor. Nicolás Velázquez y Zurita, (rubricado).

(Carta del gobernador al Conde de Sástago).

Excelentísimo señor. Señor. En estte día me ha entregado el administrador de Vuestra Excelencia don Pedro Lisbona, el título de Governador y Alcalde Mayor de la villa de Órjiva y su partido, por cuio favor le doy a Vuestra Excelencia las más expresivas gracias, y deseando que mis operasiones sean de su agrado, como dirigidas a la restta administración de justicia y defensa de los derechos de su casa.

En el inmediatto correo daré quentta de la gracia de Vuestra Excelencia al Conzejo General, e inmediattamente pasaré a tomar posesión, no hasiéndolo antes por informe dicho administrador de Vuestra Excelencia // no cumplir mi anttesesor hasta el día de mañana, y luego que se verifique daré quenta a Vuestra Excelencia. Nuestro Señor que la vida de Vuestra Excelencia muchos años. Granada y junio, 25 de 1083. Excelentísimo Señor, a los pies de Vuestra Excelencia, su más attentto criado. Luis Gómez Valero, (rubricado). Exceletísimo Señor Conde de Sásttago, mi Señor.

(Carta del gobernador al Conde de Sástago).

Excelentísimo Señor. Señor. Acabo de recibir el título de portero y guarda de vega, que Vuestra Excelencia ha tenido a bien despachar a favor de Pablo Fuentes, el que me ha dirigido su administrador don Pedro Lisbona, de que doy a Vuestra Excelencia las devidas gracias. Y reiterando a Vuestra Excelencia mi buen afecto y deseos de servirle, en quanto me mande, quedo rogando a Dios guarde su vida muchos años. Órxiva y agosto, 2, de 1803. Excelentísimo Señor, a los pies de Vuestra Excelencia, su más attento criado. Luis Gómez Valero, (rubicado), Excentísimo Señor Conde de Sástago, mi Señor.

(Carta del gobernador al administrador).

Consequente al nombramiento que tubo Su Excelencia a bien hazerme de gobernador, Alcalde Maior, desta villa y su partido, me personé en ella en la mañana del 2 del corriente y en la tarde del mismo fue recivido por este Ayuntamiento, al uso y ejercicio de mi empleo, que principié a desempeñar en el mismo acto practicando el rezevimiento de don Pedro Díaz, sustituto de alcalde primero que se hallava vacante por fallecimiento de Francisco de Béjar, que lo ejercía según que su Excelencia lo preceptua, todo lo qual participo a Vuazencia para que se sirva trasladarlo a su sabia penetración. Nuestro Señor guarde a Vuazencia muchos años. Órxiva, 3 de julio de 1803. Besa las manos de Vuazencia, su attento servidor, Luis Gómez Valero, (rubricado), Señor don Pedro Joseph Lisbona.

(Carta del gobernador al Conde de Sástago).

Excelentísimo señor. Señor. Consequentte al nombramiento que Vuestra Excelencia tubo havien hazerme de governador o Alcalde Mayor de estta su villa, me ha posecione quietta y pasificamentte, y enseguida practiqué el rezevimiento de Alcalde primero en la persona de don Pedro Días, que se hallava vacante por fallecimiento de Francisco Vejar, según y como Vuestra Excelencia lo prezeptuaba. Lo que le participo a Vuestra Excelencia para que le coste y me mande ordenar de su mayor agrado. Nuestro señor que la vida de Vuestra Excelencia muchos años. Órxiva y julio 3, de 1803. Excelentísimo Señor. A los pies de Vuestra Excelencia, su más attento criado. Luis Gómez Valero, (rubricado). Excelentísimo Señor Conde de Sástago, mi Señor.

(Carta del gobernador al Conde de Sástago).

Excelentísimo señor. Señor. Don Luis Gómez Valero, vuesttro gobernador, Alcalde Mayor de esta villa, con el devido respecto, haze presentte a Vuestra Excelencia, ha elegido para su porttero, según constumbre, a Pablo Fuenttes, y para que pueda exercer su destino, a Vuestra Excelencia, rendidamente suplico se sirva aprovar dicha elección y mandar se le despache el correspondientte título o nombramiento de Vuestra Excelenécia, de cuio favor quedaré el más agradesido, pidiendo a Dios Nuestro Señor, que la vida de Vuestra Excelencia muchos años guarde. Órxiva, 4 de julio de 1803. Excelentísimo Señor. A los pies de vuestra Excelencia, su más attento criado. Luis Gómez Valero, (rubricado). Excelentímo Señor Conde de Sástago, mi señor.

Inventario de bienes y enseres realizado tras la muerte de don Vicente Fernández de Córdoba, conde de Sástago, realizado en Granada en el año de 1814.

Archivo de la Corona de Aragón, leg. 70, c.ª 5.ª, n.º 1.

El conde de Sástago, don Vicente Fernández de Córdoba, falleció en Granada en la noche del 8 al 9 de marzo de 1814. En el inventario realizado de sus bienes, por orden judicial, llevado a cabo por su administrador, don Pedro José Lisbona, se distinguen tres grandes capítulos, constituidos por alhajas de oro, plata, brillantes y perlas; muebles; ropa blanca y de color; dinero hallado en una arquilla y valor de los bienes vendidos. En total encontramos 163 anotaciones, donde aparecen reseñados efectos de gran valor, pero sin olvidar otros elementales, tales como un tintero, frascos de cristal, toallas y servilletas.

En el primero de los apartados se hallan detallados y clasificados, entre los números 19 al 35 y el 40, los objetos de lujo, como collares de brillantes, pendientes, agujas de plata, peinetas de oro, collares y pendientes de topacio, medallones de oro y brillantes, adornos para la cabeza con brillantes, collar y pendientes haciendo juego y collar y pulseras de perlas, más una docena de cubiertos de plata y un cucharón del mismo metal. Las precedentes piezas fueron remitidas personalmente por emisarios a don Francisco Fernández de Córdoba, nuevo conde de Sástago, quien comunicó haberlas recibido el 11 de noviembre de 1814.

Posteriormente se produjeron otros envíos de objetos, como una llave dorada de gentil hombre, una palangana de plata con su cuello para afeitarse, bandejas de la gran cruz con sus cruces pequeñas esmaltadas y un sello de las armas de la casa. Algunos de los envíos de menor valor fueron realizados mediante postas.

El apartado más numeroso, que comprende setenta y un enseres, junto con otros no registrados, pero reseñados, estaba constituido fundamentalmente por muebles y cuadros de carácter religioso, ropa blanca o de color. Fue adjudicado, según la última voluntad del finado, a su administrador general, don Pedro José Lisbona.

Las partidas comprendidas entre los números 44 al 85, en las cuales aparecen, básicamente, prendas de vestir de uso personal, fueron repartidas por voluntad del noble entre sus criados Luis Menéndez y Juan García, que habían servido como cocinero y lacayo, respectivamente.

Por último, en una arquilla, compuesta por varios apartados, fue encontrado el dinero y su equivalencia total en reales y maravedís. Sus importes los exponemos a continuación: setenta y ocho pesos fuertes, equivalentes a 1.560; cuatro medios duros españoles, a cuarenta; en pesetas de a cuatro reales, cuarenta y cuatro; una peseta de a cinco reales; en reales de plata, 150; dos reales de vellón, dos; doce nap. de plata, 224, y dieciséis maravedís; un luis de plata, veintidós, más seis maravedís; en pesos fuertes, 7.020; medio peso fuerte, diez; dos pesetas de a cuatro reales, ocho; en pesos fuertes, 2.380; en un bolso de seda treinta monedas de oro, 9.600; doce medias onzas de oro, 1.920; cuarenta y dos cuartillos de oro, 3.360; diecisiete monedas de oro a cuarenta reales, 680; trece escudos de a veintiuno y un cuarto, 276; y ocho maravedís y escudos sin premio, cuarenta. Total: 27.441 reales y treinta maravedís. Encontradas en un bolsillo de su levita, dos doblillas de ochenta reales y media peseta, 162. El importe total es de 27.603 reales y treinta maravedís.

De bienes vendidos sólo consta la venta de una jaca, con su silla, estribos y freno, por importe de 2.200 reales, lo que sumado a la cantidad anterior alcanza la cifra de 29.803 reales y treinta maravedís.

Del importe total reseñado se dedujeron los siguientes gastos: el pago a los dos médicos, el cirujano y la botica, 6.085 reales; por el funeral, misa y entierro, 8.225 reales y veintitrés maravedís; en las honras fúnebres, 4.587 reales y doce maravedís; por derechos curiales de prevención, inventario y apertura de testamento, 3.494 reales y cuatro maravedís; gratificación a los asistentes y criados, 2.480 reales; por traslados de dos criados a Madrid y Murcia, 1.070 reales; abonado al sastre por las prendas de luto, 1.322 reales y el reintegro de seiscientos reales al apoderado de doña María Luisa Cebreros. La totalidad de estas deudas, por importe de 27.864 reales, detraídas del importe del dinero registrado anteriormente, arrojó la cifra de 1.935 reales y veinticinco maravedís, cantidad que fue comunicada al nuevo conde de Sástago.

Bibliografía

ACIÉN ALMANSA, M., «Un ejemplo de repoblación señorial. La serranía de Villaluenga», en *Andalucía medieval. Actas I Congreso de Historia de Andalucía*, Monte de Piedad y Caja de Ahorros de Córdoba, t. II, 1978, pp. 449-458.

ANDRÉS UCENDO, J. I., *La fiscalidad en Castilla en el siglo XVII: los servicios de millones (1601-1700)*, Universidad del País Vasco, Bilbao, 1999.

ANDRÉS UCENDO, J. I. y LANZA GARCÍA, R., «Presentación, hacienda y economía en la Castilla del siglo XVII», *Studia Historica. Historia Moderna*, vol. 32, 2010, pp. 23-46.

AZOFRA SIERRA, M. E., *Morfosintaxis histórica del español: de la teoría a la práctica*, Universidad Nacional de Educación a Distancia, Madrid, 2009.

BEJARANO ROBLES, F., *La industria de la seda en Málaga durante el siglo XVI*, Instituto de Economía Sancho de Moncada, Madrid, 1951.

BENÍTEZ SÁNCHEZ-BLANCO, R., «El diezmo de moriscos en el obispado de Málaga», *Estudis*, n.º 4, 1975, pp. 163-179.

BERMEJO CABRERO, J. L., «Sobre noblezas, señoríos y mayorazgos», *Anuario de Historia del Derecho Español*, n.º 55, 1985, pp. 253-306.

BRAVO CARO, J. J., «Señoríos y moriscos en el reino de Granada», en SÁNCHEZ MONTES GONZÁLEZ, F. y CASTELLANOS, L. (coords.), *Carlos V. Europeísmo y Universalidad,*

Sociedad Estatal para la Conmemoración de los Centenarios de Felipe II y Carlos V, Madrid, vol. IV, 2001, pp. 107-128.

BRAVO CARO, J. J., «El arrendamiento de los diezmos del obispado malagueño en el siglo XVI», *Baetica. Estudios de Arte, Geografía e Historia,* n.° 12, 1989, pp.175-185.

CABALLEIRA DEBASA, A. M., *Libro de los habices de la Alpujarra de 1530. Edición, estudio e índices de un manuscrito del Archivo Histórico Diocesano de Granada,* Academia Scientiarum Fennica, Helsinki, 2018.

CAMPOS DAROCA, M. L., «Las rentas particulares del Reino de Granada tras la expulsión de los moriscos en 1570. La farda y la renta de población», *Chronica Nova,* 16, 1988, pp. 55-66.

CARA BARRIONUEVO, L. y RODRÍGUEZ LÓPEZ, J. M., *Castillos y poblamiento medieval en la Alpujarra. El ejemplo de Alhama de Almería,* Instituto de Estudios Almerienses, Diputación de Almería, 1992.

CARANDE, R., *Carlos V y sus banqueros,* Sociedad de Estudios y Publicaciones, Madrid, vol. II, 1949.

CARO BAROJA, J., *Los moriscos del reino de Granada,* Istmo, Madrid, 1985.

CASTILLO FERNÁNDEZ, J., «Administración y recaudación de los impuestos para la defensa del Reino de Granada: la farda de la mar y el servicio ordinario (1501-1615)», *Áreas, Revista Internacional de Ciencias Sociales,* n.° 14, 1992, pp. 65-90.

Censo de la sal 1631. Tomo I. Vecindario, Instituto Nacional de Estadística, Madrid, 2012. Estudio de M. I. Rodríguez Bañuelos.

CERVANTES SAAVEDRA, M., *Segunda parte del ingenioso caballero Don Quijote de la Mancha,* Biblioteca Virtual Miguel de Cervantes, Alicante, 2001.

CLAVERO, B., *Mayorazgo: propiedad feudal en Castilla (1369-1836)*, Siglo Veintiuno de España Editores, Madrid, 1974.

COLLANTES DE TERÁN SÁNCHEZ, A., «Los señoríos andaluces: análisis de su evolución territorial en la Edad Media», *Historia. Instituciones. Documentos,* n.º 6, 1979, pp. 89-112.

CONTRERAS GAY, J., «Las milicias en el Antiguo Régimen. Modelos, características generales y significado histórico», *Chronica Nova,* n.º 20, 1992, pp. 75-104.

CORTÉS PEÑA, A. L. y VINCENT, B., *Historia de Granada, III. La época moderna, siglos XVI, XVII y XVIII*, Don Quijote, Granada, 1986.

DOMÍNGUEZ ORTIZ, A., *La sociedad española en el siglo XVII*, Consejo Superior de Investigaciones Científicas, Madrid, 1963.

DOMÍNGUEZ ORTIZ, A., *El régimen señorial y el reformismo borbónico*, Real Academia de la Historia, Madrid, 1974. Discurso de ingreso.

DURKHEIM, E., *Las formas elementales de la vida religiosa,* Akal Editor, Madrid, 1982.

ESCANDELL BONET, B., «La investigación de los contratos de préstamo hipotecario (censos)», en *Actas de las I Jornadas de Metodología Aplicada a las Ciencias Históricas,* Universidad de Santiago de Compostela, vol. 3, 1975, pp. 751-762.

ESPINAR MORENO, M., «Habices y diezmos del obispado de Guadix. Pleito con los marqueses del Cenete (1490-1531)», *Revista del Centro de Estudios Históricos de Granada y su Reino,* n.º 6, 1992, pp. 255-276.

GAMIR SANDOVAL, A., *Organización de la defensa de la costa del Reino de Granada desde la Reconquista hasta finales del siglo XVI*, Universidad de Granada, 1988.

GARCÍA ESPAÑA, E., «Censos de población españoles», *Estadística Española*, n.º 128, 1991, pp. 441-500.

GARCÍA GÁMEZ, F., «La seda del reino de Granada durante el segundo proceso repoblador (1570-1630)», *Chronica Nova*, n.º 25, 1998, pp. 249-273.

GARCÍA GÁMEZ, F., «Seda y repoblación en el reino de Granada durante el tránsito de los siglos XVI y XVII», *Chronica Nova*, n.º 28, 2001, pp. 221-255.

GARCÍA HERNÁN, D., «Los señoríos en la baja Andalucía en la Edad Moderna», en ANDÚJAR, F. y DÍAZ LÓPEZ, J. P. (coords.), *Los señoríos en la Andalucía Moderna: el marquesado de los Vélez*, Instituto de Estudios Almerienses, Almería, 2007, pp. 77-115.

GARCÍA ULECIA, A., «El papel de corredores y escribanos en el cobro de las alcabalas», *Historia. Instituciones. Documentos*, n.º 13, 1986, pp. 89-110.

GARRAD, K., «La industria sedera granadina en el siglo XVI y su conexión con el levantamiento de la Alpujarra (1568-1571)», *Miscelánea de Estudios Árabes y Hebraicos*, vol. 5, 1956, pp. 73-104.

GARZÓN PAREJA, M., «Estructura campesina y señoríos de Granada», en *Actas I Congreso de Historia de Andalucía, Andalucía moderna* (siglos XVI-XVIII), Monte de Piedad y Caja de Ahorros de Córdoba, t. II, 1976, pp. 41-50.

GARZÓN PAREJA, M., *Historia de Granada*, Diputación de Granada, vol. I, 1980.

GARZÓN PAREJA, M., *La industria sedera en España. El arte de la seda en Granada*, Gráficas del Sur, Granada, 1972.

GIBERT Y SÁNCHEZ DE LA VEGA, R., *La disolución de los mayorazgos,* Escuela Social de Granada, 1958.

GIULIANI MALLART, A., «Datos y reflexiones sobre la Junta de Incorporación (1706-1717)», *Anuario de Historia del Derecho Español,* n.º 67, 1997, pp. 1.029-1.038.

GÓMEZ LORENTE, M., «Los señoríos en el reino de Granada: el señorío de Gor», *Cuadernos de estudios medievales y ciencias técnicas historiográficas,* n.º 14-15, 1985-1987, pp. 61-74.

GÓMEZ MARTÍNEZ, A., «Cargos y oficios municipales en las ciudades de León, Zamora y Salamanca durante el reinado de Carlos III», *Estudios Humanísticos. Historia,* n.º 5, 2006, pp. 159-184.

GONZÁLEZ ENCISO, A., «La historiografía y los arrendatarios de impuestos en la España del siglo XVIII», *Mélanges de la Casa de Velázquez,* 46-1, 2016, pp. 65-75.

HOMOBONO MARTÍNEZ, J. L., «Fiesta, tradición e identidad local», *Cuaderno de Etnografía,* n.º 55, 1990, pp. 43-58.

LADERO QUESADA, M. Á., *Andalucía en el siglo XV. Estudios de historia política,* Consejo Superior de Investigaciones Científicas, Madrid, 1973.

LADERO QUESADA, M. Á., *La Hacienda Real de Castilla en el siglo XV,* La Laguna, Santa Cruz de Tenerife, 1973.

LADERO QUESADA, M. Á., «La repoblación del reino de Granada anterior a 1500», *Hispania,* n.º 110, 1968, pp. 489-563.

LARA RAMOS, A., *Iglesia y poder: propiedad y diezmos en la crisis del Antiguo Régimen. Guadix y su obispado (1750-1800),* Universidad de Granada, 2001.

LÓPEZ DE COCA CASTAÑER, J. E., «Financiación mudéjar del sistema de la vigilancia costera en el Reino de Granada

(1492-1501)», *Historia. Instituciones. Documentos,* n.º 3, 1976, pp. 397-416.

LÓPEZ SALAZAR PÉREZ, J., «Poder y conflicto en las comunidades rurales de señorío de Castilla la Nueva. Los gobernadores y alcaldes mayores», en PÉREZ ÁLVAREZ, M. J.; RUBIO PÉREZ, L. M. y MARTÍN GARCÍA, A. (coords.), *Campo y campesinos en la España Moderna. Culturas políticas en el mundo hispano,* Fundación Española de Historia Moderna, CSIC, León, vol. I, 2012, pp. 158-212.

MARCOS MARTÍN, A., «De nuevo sobre los diezmos. La documentación decimal de la diócesis de Palencia: problemas que plantea», *Investigaciones Históricas. Época Moderna y Contemporánea,* n.º 4, 1983, pp. 99-122.

MARÍN LÓPEZ, R., «La Iglesia y el encuadramiento religioso», en BARRIOS AGUILERA, M. y PEINADO SANTAELLA, R. G. (eds.), *Historia del reino de Granada I. De los orígenes a la época mudéjar (hasta 1502),* Universidad de Granada y El legado andalusí, Granada, 2000, pp. 661-686.

MÁRMOL CARVAJAL, L. del, *Historia del rebelión y castigo de los moriscos del reino de Granada,* Arguval, Málaga, 1991.

MARTÍN RIEGO, M., *Diezmos eclesiásticos, rentas y gastos de la mesa arzobispal hispalense (1750-1800),* Caja Rural de Sevilla, 1990.

MOXÓ, S. de, *La alcabala. Sobre sus orígenes, concepto y naturaleza,* CSIC, Madrid, 1963, pp. 624-627.

MOXÓ, S. de, *La disolución del régimen señorial en España,* CSIC, Madrid, 1965.

MOXÓ, S. de, «Los señoríos: en torno a una problemática para el estudio del régimen señorial», *Hispania,* n.º 95, 1994, pp. 339-430.

MOXÓ, S. de, «Los señoríos: estudio metodológico», en *Actas de las I Jornadas de Metodología Aplicada a las Ciencias Históricas, Historia medieval,* Universidad de Santiago de Compostela, vol. 2, 1975, pp. 163-174.

MUÑOZ DUEÑAS, M. D., *El diezmo en el obispado de Córdoba (1750-1845),* Cajasur, Córdoba, 1988.

PÉREZ PICAZO, M. T., *El mayorazgo en la historia económica de la región murciana, expansión, crisis y abolición (siglos XVII-XIX),* Ministerio de Agricultura, Pesca, Alimentación y Medio Ambiente, Madrid, 1990.

PRIETO GUTIÉRREZ, M., «La milicia granadina en el siglo XVII: entre la obligación y el servicio», *Revista del Centro de Estudios Históricos de Granada y su Reino,* n.° 25, 2013, pp. 201-216.

PUGA BARROSO, J. L., *El señorío de Órgiva y su repoblación en tiempo de Felipe II,* Servicio de Publicaciones e Intercambio Cultural de la Universidad de Málaga, 2006.

PUGA BARROSO, J. L., *Reivindicación de bienes en la taha de Órgiva tras la guerra de la Alpujarra,* Ayuntamiento de Órgiva, Biblioteca Pública Municipal, Imprenta Gallego, Órgiva, 1993.

RODRÍGUEZ BAÑUELOS, M. I., «El censo de la sal de 1631. Salt Census (1631)», en PÉREZ ÁLVAREZ, M. J.; RUBIO PÉREZ, L. M. y MARTÍN GARCÍA, A. (coords.), *Campo y campesinos en la España Moderna. Culturas políticas en el mundo hispano,* Fundación Española de Historia Moderna, CSIC, León, vol. II, 2012, pp. 999-1012.

RODRÍGUEZ DE DIEGO, J. L., «Hacia una catalogación y mecanización de un importante fondo documental: los censos», *Boletín de la ANABAD,* XXXII n.° 3, 1982, pp. 293-306.

RUBIO PÉREZ, L. M., «El dominio solariego y territorial en el marco de los señoríos nobiliarios leoneses», *Estudios humanísticos. Historia,* n.º 1, 2002, pp. 181-220.

RUEDA HERNANZ, G., «La supresión de señoríos y el proceso desvinculador de los bienes nobiliarios», *Aportes,* n.º 89, año XXX, 2015, pp. 41-58.

RUIZ POVEDANO, J. M., «Consideraciones sobre la implantación de los señoríos en el recién conquistado Reino de Granada», en *Andalucía medieval. I Congreso de Historia de Andalucía,* Monte de Piedad y Caja de Ahorros de Córdoba, t. II, 1978, pp. 357-374.

SAINZ RIPA, E., «Reacción de los eclesiásticos logroñeses ante el impuesto de la sisa en los siglos XIV-XVII», en *Segundo coloquio sobre historia de La Rioja,* Universidad de Zaragoza, Colegio Universitario de La Rioja, Logroño, 1986, vol. 2, pp. 101-110.

SALOMON, N., *La vida rural castellana en tiempo de Felipe II,* Planeta, Barcelona, 1964.

SORIA MESA, E., «El negocio del siglo. Los judeoconversos y la renta de la seda del Reino de Granada (siglo XVI)», *Hispania,* vol. 76, n.º 253, 2016, pp. 415-444.

SORIA MESA, E., *La venta de señoríos en el Reino de Granada bajo los Austrias,* Universidad de Granada, 1995.

SORIA MESA, E., *Señores y oligarcas: los señoríos del Reino de Granada en la Edad Moderna,* Universidad de Granada, 1997.

TOMÁS Y VALIENTE, F., «La obra legislativa y el desmantelamiento del Antiguo Régimen», en JOVER, J. M. (dir.), *La era isabelina y el sexenio democrático,* en MENÉNDEZ PIDAL, R. (coord.), *Historia de España,* Espasa-Calpe, Madrid, tomo XXXIV, pp. 141-193.

TOMÁS Y VALIENTE, F., «La venta de oficios de regidores y la formación de oligarquías urbanas en Castilla (siglos XVII y XVIII)», *Historia. Instituciones. Documentos,* n.º 2, 1975, pp. 523-547.

TRILLO SAN JOSÉ, M. C., «La implantación castellana en la Alpujarra: análisis de una política señorial en el reino de Granada», *Hispania,* vol. 52, n.º 181, 1992, pp. 397-432.

TRILLO SAN JOSÉ, M. C., «La ta'a de Órgiva: un señorío en la Alpujarra al final de la Edad Media», *Revista del Centro de Estudios Históricos de Granada y su Reino,* n.º 4, 1990, pp. 49-70.

TRILLO SAN JOSÉ, C. y HERNÁNDEZ BENITO, P., «Topónimos de la Alpujarra según un manuscrito de rentas habices», *Miscelánea de estudios árabes y hebraicos,* vol. 37, 1988, pp. 285-306.

USURNÁRIZ GARAYOA, J. M., «Mayorazgo, vinculaciones y economías nobiliarias en la Navarra de la Edad Moderna», *Iura Vasconiae. Revista de Derecho Histórico y Autonómico de Vasconia,* n.º 6, 2009, pp. 383-424.

VINCENT, B., «Las rentas particulares del Reino de Granada en el siglo XVI: fardas, habices, hagüela», *Andalucía en la Edad Moderna: Economía y Sociedad,* Diputación Provincial de Granada, 1985, pp. 81-122.

VIÑAS MEY, C., «El problema de la tierra en la España de los siglos XVI y XVII», *Escorial. Revista de Cultura y Letras,* n.º 14, 1941, pp. 451-461.

ZABALA AGUIRRE, P., *Las alcabalas y la Hacienda Real en Castilla: siglo XVI,* Servicio de Publicaciones de la Universidad de Cantabria, Santander, 2000.

Índice figuras y mapa

Figura n.º 1. Título de concesión del señorío de Órgiva...............32

Figura n.º 2. El Gran Capitán.......................................33

Mapa n.º 1. Señorío de Órgiva.....................................42

Figura n.º 3. Árbol genealógico de los Fernández de Córdoba 67

Figura n.º 4. Cruz mandada erigir por don Juan Fernández
de Córdoba en Albacete de Órgiva (1596)...................78

Figura n.º 5. Iglesia parroquial de Albacete de Órgiva.................96

Figura n.º 6. Torre defensiva en Albacete de Órgiva (s. XVI) 122